해 봐!

하루 **10**분

왕초보

러시아어

머리말

세계에서 가장 어려운 언어를 꼽을 때 빼놓지 않고 등장하는 러시아어! 많은 학습자를 만나보면, 러시아어가 어렵다고 느끼는 이유가 참 다양합니다. 글자가 독특해서, 강세가 어려워서, 문법이 복잡해서 등등 러시아어를 시작하면서 넘어야 할 산이 참 많습니다. 영어를 배울 때와는 달리 처음 시작부터 높은 산에 가로막힌 느낌이 들 때가 많다고 하니 러시아어를 가르치는 입장에서는 고민이 아닐 수 없습니다. '기초가 튼튼하려면 문법은 필수인데…'라는 생각이 들면서도, 흥미를 느끼기도 전에 떨어져 나가는 학습자들을 보며 '더 쉽게 시작하는 방법이 있지 않을까?'라는 생각도 들었습니다.

그래서 이 책에서는 복잡한 문법은 우선 살짝 덮어두고, 하루 1개의 기본 패턴과 회화 구문, 5개 안팎의 추가 단어만을 제시하였습니다. 이렇게 하루 딱 10분만 투자하면 누구나 러시아어를 말할 수 있게 됩니다. 알파벳부터 시작하여 하루 10분 분량의 기본 패턴을 50일간 연습함으로써 자연스럽게 러시아어 문법을 체득하고, 이를 발판 삼아 어렵게만 느껴지는 러시아어에 대한 자신감과 흥미를 가지고 학습자들이 앞으로 나아갈 수 있으리라 생각합니다.

이 책은 문법 설명보다 학습자들이 한 문장이라도 더 말할 수 있도록 하는 데 중점을 두고 있습니다. 따라서 모든 인칭의 동사와 러시아 문법 사항 전체를 다루기보다는 '나(1인칭)'와 '당신(2인칭)'을 활용하는 문장 위주로 구문들을 구성하였고, 필요한 경우에만 간단한 설명을 덧붙였습니다. 그리고 '말'을 하기 위해서는 많이 듣고 직접 발음해 보는 것이 중요하죠? MP3 녹음 파일을 통해 실제 원어민 발음을 들어볼 수 있고, 동영상 강의를 통해 중요한 내용을 쏙쏙 이해하며 직접 말해볼 수 있으니 하루 10분만으로도 러시아어에 한층 쉽게 다가갈 수 있습니다.

러시아어 학습의 첫걸음을 내딛는 여러분, 그럼 이제 <해 봐! 하루 10분 왕초보 러시아어>로 즐겁게 러시아어를 시작해 볼까요?

저자 **이지은, 이고은**

《왕초보 러시아어》 100% 활용법

우리의 이웃 나라 러시아! 책이나 TV를 통해 빈번하게 접할 수 있지만 '러시아어는 어렵다'라는 이야기를 많이 들어서 배우길 망설이고 있나요? 아니면 러시아어를 큰마음 먹고 시작했지만 복잡한 문법에 말 한마디 내뱉기 힘들어 흥미를 잃어가고 있지는 않은가요? 그렇다면 <해 봐! 하루 10분 왕초보 러시아어>로 한 번 공부를 시작해 보세요. 복잡한 문법 설명은 없지만, 하루 10분씩만 기본 패턴을 꾸준히 공부하면 러시아어가 바로 입에서 튀어나온답니다. 거창한 각오보다는 하루 10분만 습관처럼 투자하겠다는 마음가짐만 가지고 오세요. 그럼 매력적인 러시아어의 세계로 함께 출발해봐요!

러시아어를 공부한다면 꼭 알아야할 11가지

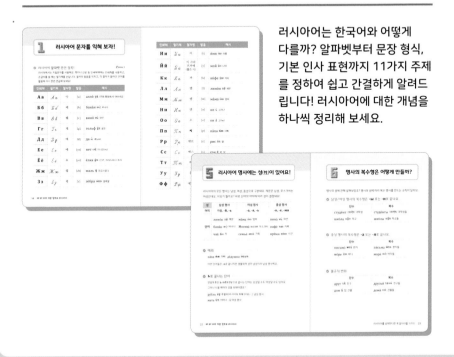

러시아어는 한국어와 어떻게 다를까? 알파벳부터 문장 형식, 기본 인사 표현까지 11가지 주제를 정하여 쉽고 간결하게 알려드립니다! 러시아어에 대한 개념을 하나씩 정리해 보세요.

하루 10분 플랜으로 입에서 바로 나오는 러시아어

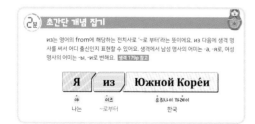

2분 초간단 개념 잡기

из는 영어의 from에 해당하는 전치사로 '~로 부터'라는 뜻이에요. из 다음에 생각 명사를 써서 어디 출신인지 표현할 수 있어요. 생격에서 남성 명사의 어미는 -а, -я로, 여성 명사의 어미는 -ы, -и로 변해요. 생격 179p 참고

Я	из	Южной Коре́и
야	이즈	유쥐나이 까레이
나는	~로부터	한국

STEP 1

2분으로 초간단 개념잡기!

개념은 간단하고 쉽게! 오늘 배울 문장이 어떻게 구성되는지 익혀 보세요.

2분 입에서 바로 나오는 문장 말하기 🔊 03-1

Я из Сеу́ла.
야 이스 씨울라
나는 서울에서 왔어.

Я из Росси́и.
야 이즈 라씨
나는 러시아에서 왔어.

Я из Москвы́.
야 이즈 마스끄븨
나는 모스크바에서 왔어.

из 다음에 울림들이 나오면 '이즈'로,

STEP 2

2분으로 문장 말하기

배운 개념을 응용하여 한 문장씩 소리 내어 읽어 보세요.

3분 회화로 응용하기 🔊 03-2

어디서 왔는지 묻고 답해 보세요. из 다음에는 생격 명사를 써야 한다는 점 잊지 마세요!

Отку́да вы?
앗꾸다 븨
어디서 왔어요?

Я из Фра́нции.
야 이스 프란찌
저는 프랑스에서 왔어요.

생격
- Фра́нции [프란찌] 프랑스
- Аме́рики [아몌리끼] 미국
- А́нглии [앙글리] 영국
- Япо́нии [이뽀니] 일본

STEP 3

3분으로 회화로 응용하기

오늘 배운 문장이 실제로 회화에선 어떻게 적용되는지 익혀 보세요.

3분 문제로 확인해 보기

러시아어는 우리말로, 우리말은 러시아어로 바꿔 보세요!

1 Я из Росси́и. ▶

2 Я из Аме́рики. ▶

3 나는 한국에서 왔어. ▶

4 나는 중국에서 왔어. ▶

STEP 4

3분으로 문제로 확인하기

오늘 배운 문장을 잊지 않도록 다시 한번 확인해 보세요.

배운 내용을 잊지 않도록 도와주는 **리뷰 페이지**

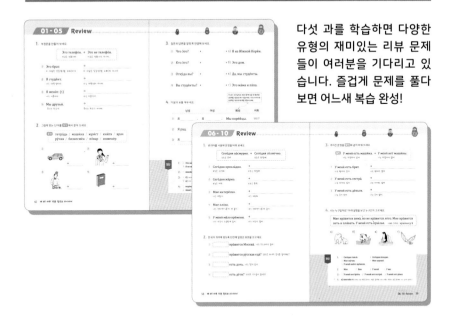

다섯 과를 학습하면 다양한 유형의 재미있는 리뷰 문제들이 여러분을 기다리고 있습니다. 즐겁게 문제를 풀다 보면 어느새 복습 완성!

문화를 알면 언어가 보인다! **러시아 관련 정보**

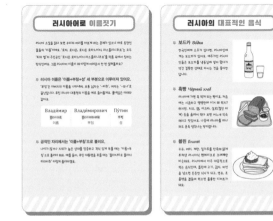

회화 문장을 직접 써보는 쓰기 노트

별책 부록으로 구성한
쓰기 노트에 학습한 패턴
문장을 직접 써 보면서
완벽하게 이해해 보세요.

다양한 학습 자료 활용법

음원

www.sisabooks.com/langpl
랭기지플러스 홈페이지에서
MP3 다운받아 듣기

QR코드 MP3 스트리밍으로
해 봐! 하루 10분 왕초보 러시아어
다운로드 없이 듣기

동영상 강의

www.sisabooks.com/langpl
랭기지플러스 홈페이지에서 바로 보기

유튜브에서
해 봐! 하루 10분 왕초보 러시아어
검색해서 보기

목 차

러시아어를 공부한다면 꼭 알아야할 11가지

PART 1   누구인지, 무엇인지 소개해봐요!

PART 4 장소를 표현해 봐요!

PART 5　자주 쓰는 표현을 익혀봐요!

러시아어를
공부한다면
꼭 알아야할
11가지

러시아어 문자를 익혀 보자!

러시아어 **알파벳** 완전 정복!

Intro 1

러시아에서는 키릴문자를 사용해요. 책이나 신문 등 인쇄매체에는 인쇄체를 사용하고, 손글씨를 쓸 때는 필기체를 씁니다. 철자의 발음을 익히고, 각 철자가 들어간 단어를 활용해 다시 한번 연습해 보세요!

인쇄체	필기체	철자명	발음	예시
А а	*A a*	아	[a]	алло́ 알로 (전화 통화에서) 여보세요
Б б	*Б б*	베	[b]	бана́н 바난 바나나
В в	*В в*	붸	[v]	вино́ 비노 와인
Г г	*Г г*	게	[g]	гольф 골프 골프
Д д	*Д д*	데	[d]	да 다 네(yes)
Е е	*Е е*	예	[ye]	нет 니엣 아니오(no)
Ё ё	*Ё ё*	요	[yo]	ёлка 욜까 (신년, 크리스마스) 트리
Ж ж	*Ж ж*	줴	[zh]	жаль 좔 유감스럽다
З з	*З з*	제	[z]	зе́бра 계브라 얼룩말

인쇄체	필기체	철자명	발음	예시
И и	*И и*	이	[i]	и́мя 이먀 이름
Й й	*Й й*	이 끄라 뜨까예 (짧은 이)	[y]	мой 모이 나의
К к	*К к*	까	[k]	ко́фе 꼬페 커피
Л л	*Л л*	엘	[l]	лимо́н 리몬 레몬
М м	*М м*	엠	[m]	ма́ма 마마 엄마
Н н	*Н н*	엔	[n]	но 노 그러나
О о	*О о*	오	[o]	он 온 그(he)
П п	*П п*	뻬	[p]	па́па 빠빠 아빠
Р р	*Р р*	에르	[r]	рис 리쓰 쌀
С с	*С с*	에스	[s]	сон 쏜 꿈, 잠
Т т	*Т т*	떼	[t]	тури́ст 뚜리스트 관광객
У у	*У у*	우	[u]	ура́ 우라 만세
Ф ф	*Ф ф*	에프	[f]	фру́кты 프룩띄 과일

인쇄체	필기체	철자명	발음	예시
Х х	*X x*	하	[kh]	хо́бби 호비 취미
Ц ц	*Ц ц*	쩨	[ts]	царь 짜르 차르, 왕, 황제
Ч ч	*Ч ч*	체	[ch]	чай 챠이 차
Ш ш	*Ш ш*	샤	[sh]	шарф 샤르프 목도리
Щ щ	*Щ щ*	시챠	[shch]	вещь 볘쒸 물건
Ъ	· *ъ*	뜨뵤르드 즈낙 (경음 부호)	–	경음을 표시하는 부호로 소리가 나지 않아요.
Ы	· *ы*	의	[i]	мы 믜 우리
Ь	· *ь*	먀흐끼 즈낙 (연음 부호)	–	연음을 표시하는 부호로 소리가 나지 않아요.
Э э	*Э э*	에	[e]	мэр 메르 시장(mayor)
Ю ю	*Ю ю*	유	[yu]	юри́ст 유리스트 법조인
Я я	*Я я*	야	[ya]	вре́мя 브례먀 시간

강세와 발음

✅ 강세 위치에 따른 모음의 발음 변화

러시아어는 강세가 있어요. 강세 부분은 당연히 강하게 읽어야겠죠! 그렇다면 강세가 없는 모음은 어떻게 될까요? 약하게 읽어야 하니 발음에 변화가 생겨요. 이런 현상을 모음약화라고 해요.

1 강세가 없는 **o**는 'ㅏ'로 발음해요. 다음을 발음해 볼까요?

Koréя 까례야 한국 / Россия 라씨야 러시아

Москва́ 마스끄바 모스크바 / окно́ 아끄노 창문

2 강세가 없는 **e**와 **я**는 'ㅣ'로 발음해요.

> ★ 주의 **e**와 **я**가 단어의 맨 마지막에 오면 강세가 없어도 약화시키지 않아요.

меня́ 미냐 나를 / весна́ 비쓰나 봄

язы́к 이직 언어 / Япо́ния 이뽀니야 일본

✅ 자음끼리 만나면 변하는 발음!

우선 유성음과 무성음을 구분할 수 있어야 해요. 유성음은 성대가 울리는 소리이고, 무성음은 발음할 때 성대가 울리지 않아요.

유성음	б	в	г	д	ж	з	-	-	-	-
무성음	п	ф	к	т	ш	с	х	ц	ч	щ

1 단어의 끝에 유성음이 오면, 이에 대응하는 무성음으로 발음해요.

друг 드룩 친구

➡ 마지막 철자인 г는 무성음 [ㅋ]로 발음해요.

2 유성음과 무성음 자음이 연달아 오는 경우, 뒤에 오는 자음의 영향을 받아 앞의 자음의 성질이 변해요.

во́дка 보트까 보드카 유성음 + 무성음 → 무성음 + 무성음

➡ 뒤에 있는 무성음 к 때문에 앞에 있는 д도 무성음으로 발음해요.

экза́мен 에그자민 시험 무성음 + 유성음 → 유성음 + 유성음

➡ 뒤에 있는 유성음 з 때문에 앞에 있는 к도 유성음으로 발음해요.

✔ **러시아어 억양**

러시아어를 원어민처럼 말하고 싶다고요? 그럼 억양을 잘 익혀야 해요.

> ## 이건 강아지야. 이건 뭐야? 이건 강아지야?

한국어로 읽어 보세요. 우리말은 평서문일 때 말끝을 내리고, 의문문일 때는 올리죠?
그럼 러시아어는 어떨까요?

1 평서문: 문장 마지막 단어의 강세 부분에서 억양을 내려 읽어요.

이건 강아지야.

에따 싸바까.
Это собáка.

강세가 있는 '바'는
낮아지면서 길게 읽기!
(싸바~까)

2 의문문: 무조건 끝을 올리지 않아요.

의문사가 있을 때	이건 뭐야? 쉬또 에따? Что э́то?	의문사에서 억양을 내려서 읽고, 문장의 끝은 올리지 않아요.
의문사가 없을 때	이건 강아지야? 에따 싸바까? Это собáка?	묻고자 하는 단어의 강세 부분에서 억양을 올려요.

러시아어에도 구개음화 현상이?!

🎧 Intro 3

✅ '해돋이'라는 단어는 *[해도디]가 아니라 [해도지]로 발음돼요. 국어 시간에 이런 현상을 '구개음화'라고 배운 것 기억하시나요? 러시아어에도 비슷한 현상이 있어요. 아래 표를 보면, 경음과 연음을 표시하는 모음과 기호가 있어요.

경음 표시	a	o	y	э	ы	ъ
연음 표시	я	ё	ю	e	и	ь

✅ д [ㄷ]와 т [ㅌ]가 연음을 표시하는 모음과 만나면 각각 [ㅈ], [ㅉ]와 비슷한 발음이 돼요. 한국어의 [ㅈ], [ㅉ] 발음과는 조금 다르니 원어민 발음을 들으며 비슷하게 소리 내려고 노력해보세요.

студе́нт 스뚜졘뜨 대학생 / де́ти 졔찌 아이들

теа́тр 찌아뜨르 극장 / телефо́н 찔리폰 전화

'나, 너, 우리'는 어떻게 말할까?

러시아어의 인칭대명사

	단수		복수	
1인칭	나	**Я** 야	우리	**МЫ** 믜
2인칭	너	**ТЫ** 띄	당신, 너희들	**ВЫ** 븨
3인칭	그	**ОН** 온	그들	**ОНИ́** 아니
	그녀	**ОНА́** 아나		
	그것	**ОНО́** 아노		

ТЫ와 ВЫ

ВЫ는 '너희들, 당신들'이라는 복수의 의미로 쓰이기도 하지만, '당신'이라는 단수의 의미로도 쓰여요. ТЫ가 반말이라면, ВЫ는 존댓말이라고 생각하면 쉬워요. 주의할 점은 우리의 존댓말과 달리 ТЫ와 ВЫ를 쓰는 기준은 '친밀함'이기 때문에, 아무리 나이가 많아도 엄마, 아빠 등 가족 구성원에게는 ТЫ를 써야 해요.

지시대명사는 Э́ТО 에따

Э́ТО 에따 는 영어의 this처럼 '이것'이라는 뜻이에요. 초보자에게 아주 유용하니 알아두세요!

러시아어 명사에는 성(性)이 있어요!

러시아어의 모든 명사는 남성, 여성, 중성으로 구분돼요. 레몬은 남성, 모스크바는 여성인데요. 이유가 뭘까요? 바로 단어의 어미에 따라 성이 결정돼요!

성	남성 명사	여성 명사	중성 명사
어미	자음, -й, -ь	-а, -я, -ь	-о, -е, -мя
단어	лимóн 리몬 레몬 банáн 바난 바나나 чай 촤이 차	мáма 마마 엄마 Москвá 마스끄바 모스크바 семья́ 씨미야 가족	винó 비노 와인 кафé 까페 카페 врéмя 브례먀 시간

✅ 예외

пáпа 빠-빠 아빠   дéдушка 졔두쉬까 할아버지

이런 단어들은 -a로 끝나지만 생물학적 성이 남성이라 남성 명사예요.

✅ ь로 끝나는 단어

연음부호인 ь 먀흐끼 즈낙으로 끝나는 단어는 남성일 수도 여성일 수도 있어요.
그러니 나올 때마다 성을 외워야겠죠?

рýбль 루블 루블화(러시아의 화폐 단위) - ♂ 남성 명사
мать 맛쯔 어머니 - ♀ 여성 명사

명사의 복수형은 어떻게 만들까?

명사의 성에 관해 살펴보았죠? 명사의 성에 따라 복수 명사를 만드는 규칙이 달라요.

✓ 남성/여성 명사의 복수형은 **-ы** 또는 **-и**로 끝나요.

단수	복수
студéнт 스뚜곈뜨 대학생	студéнты 스뚜곈띠 대학생들
шкóла 쉬꼴라 학교	шкóлы 쉬꼴릐 학교들

✓ 중성 명사의 복수형은 **-а** 또는 **-я**로 끝나요.

단수	복수
письмó 삐쓰모 편지	пи́сьма 삐쓰마 편지들
мóре 모례 바다	моря́ 마랴 바다들

✓ 불규칙 변화

단수	복수
друг 드룩 친구	друзья́ 드루지야 친구들
дом 돔 집, 건물	домá 다마 건물들

형용사는 명사를 따라 변해요!

✅ 형용사 어미

형용사는 명사를 꾸며 주는 역할을 해요. 그렇기 때문에 명사에 따라 형태가 변해요. 러시아어 형용사는 성과 수에 따라 기본적으로 다음과 같은 어미를 가져요.

남성	여성	중성	복수
-ый	**-ая**	**-ое**	**-ые**
(**-ой, -ий**)	(**-яя**)	(**-ее**)	(**-ие**)

그럼 구체적인 형용사를 예시로 볼까요!

남성	여성	중성	복수	뜻
но́вый 노븨	но́вая 노바야	но́вое 노바예	но́вые 노븨예	새로운
большо́й 발쇼이	больша́я 발샤야	большо́е 발쇼예	больши́е 발쉬예	커다란

만약 '커다란 집'이라고 말하고 싶으면 большо́й дом ^{발쇼이 돔} 이라고 말해야 해요. дом ^돔 이 남성 명사니까요. 하지만 '큰 학교'라고 말하려면 больша́я шко́ла ^{발샤야 쉬꼴라} 라고 말해요. шко́ла ^{쉬꼴라} 가 여성 명사거든요. 형용사는 항상 명사를 따라간다는 것 잊지 마세요!

명사와 형용사에 '격'이 있다고?!

✓ 격

러시아어 명사와 형용사에는 '격'이라는 개념이 있어요. 우리말에서 '엄마가, 엄마를, 엄마에게'라고 조사를 붙이는 것처럼 러시아어도 명사가 주어인지 목적어인지 등에 따라 그 어미가 변해요.

러시아어에는 아래와 같이 총 6개의 격이 있어요. 격의 의미는 매우 다양하고 복잡하지만 간단히 살펴봐요.

주격	-이(가)	Máma лю́бит меня́. ^{마마} 엄마가 나를 사랑해.
생격 (소유격)	-의	Э́то телефо́н ма́мы. ^{마믜} 이건 엄마의 전화기야.
여격 (수여격)	-에게	Я звоню́ ма́ме. ^{마몌} 나는 엄마에게 전화해.
대격 (목적격)	-을(를)	Я люблю́ ма́му. ^{마무} 나는 엄마를 사랑해.
조격 (도구격)	-과(와), -로서	вме́сте с ма́мой ^{마머이} 엄마와 함께
전치격	-에서, -에 관해	Я ду́маю о ма́ме ^{마몌} 난 엄마에 대해 생각해.

> ★ 형용사도 명사와 마찬가지로 격변화를 해요.
>
> моя́ ма́ма 나의 엄마가 ➡ мою́ ма́му 나의 엄마를
>
> - 형용사의 격변화는 초보자에게는 어려울 수 있으니 우리책에서는 우선 명사의 격변화만 소개할게요. (부록 p.179)

러시아어 동사는 이렇게 변해요!

✅ 러시아어 동사의 변화

러시아어 동사는 주어에 따라 형태가 달라져요. 영어를 배울 때도 **I + am / you, we, they + are / he, she, it + is** 이런 식으로 배운 것 기억나나요? 러시아어는 영어보다는 좀 더 복잡하게 변해요. 동사는 어미에 따라 1식 변화와 2식 변화가 있어요.

'일하다'라는 뜻의 1식 동사 рабо́тать 라보땃쯔 와 '말하다'라는 뜻의 2식 동사 говори́ть 가바릿쯔 를 살펴봐요. 보통은 뒤에 -ть 쯔 를 떼고 새로운 어미를 붙이면 된답니다!

✅ рабо́тать와 говори́ть의 변화

주어	1식 변화	2식 변화
я 야 나	рабо́таю 라보따유	говорю́ 가바류
ты 띄 너	рабо́таешь 라보따예쉬	говори́шь 가바리쉬
он 온 그 она́ 아나 그녀 оно́ 아노 그것	рабо́тает 라보따옛	говори́т 가바릿
мы 믜 우리	рабо́таем 라보따엠	говори́м 가바림
вы 븨 당신	рабо́таете 라보따잇쩨	говори́те 가바리쩨
они́ 아니 그들	рабо́тают 라보따윳	говоря́т 가바럇

이 책에서는 я와 вы를 주어로 삼는 문장을 중심으로 살펴볼 예정이에요!

동사의 상, 그게 뭐죠?

동사의 짝

보통 러시아어 동사는 뜻이 같아도 2개씩 짝이 있어요. '보다, 시청하다'라는 뜻의 동사를 예로 들어 볼게요.

불완료상	완료상
смотре́ть 스마뜨렛쯔	посмотре́ть 빠-스마뜨렛쯔

불완료상 동사

이름처럼 불완료상 동사는 완료되지 않은 것, 현재 시제 등을 말할 때 쓰여요.

✓ 나는 TV를 보고 있어. ➡ Я смотрю́ телеви́зор. 야 스마뜨류 찔리비자르

➡ 현재 시제에서는 불완료상을 써요.

완료상 동사

완료상 동사는 말 그대로 완료된 것, 결과, 일회성 행동을 말할 때 사용돼요.

✓ 이걸 봐봐. ➡ Посмотри́ э́то! 빠스마뜨리 에따

➡ 일회성이니까 완료상(посмотре́ть)을 써야 해요.

★ 너무 어렵다고요? 우리는 이제 시작하는 단계니까 대부분 불완료상을 배우게 될 거예요. 이런 규칙이 있다는 것만 알고 넘어가도 좋아요!

이 정도는 알고 있어야 할 표현!

🎧 Intro 4

러시아어에도 존댓말과 반말이 있어요. 간단한 인사말과 기본 회화를 하나씩 익혀볼까요?

안녕하세요!

Здра́вствуйте!

즈드라스트부이쩨

처음 본 사이나 존댓말을 하는
사이에 하는 기본적 인사예요.

안녕!

Приве́т!

쁘리벳

친구끼리 가볍게
주고 받는 인사예요.

감사합니다.

Спаси́бо!

스빠씨바

미안합니다 / 실례합니다.

Извини́те!

이즈비니쩨

네.

Да

다

아니오.

Нет.

니옛

잘 지내요?

Как дела́?

깍 질라

영어의 'How are you?'와 같이
안부를 묻는 말이에요.

➡ 안부 인사에는
норма́льно 나르말나 (괜찮아요)
라고 대답할 수 있어요.

안녕히 가세요.

До свида́ния!

다 스비다니야

잘 가.

Пока́!

빠까

친구끼리만 써요.

제 이름은 '아냐'입니다.

Меня́ зову́т Аня.

미냐 자붓 아냐

성함이 어떻게 되세요?

Как вас зову́т?

깍 바즈 자붓

✅ 대화로 연습해 봐요!

Здра́вствуйте!

즈드라스트부이쩨

안녕하세요!

Здра́вствуйте! Как дела́?

즈드라스트부이쩨! 깍 질라

안녕하세요. 잘 지내요?

Спаси́бо, норма́льно.

스빠씨바, 나르말나

감사합니다. 잘 지내요.

РАЗДЕЛ
01

누구인지,
무엇인지
소개해봐요!

01 이 사람은 세르게이야.

<u>э́то를 이용해 사람/사물 지칭하기</u>

2분 초간단 개념 잡기

э́то는 '이것/이 사람'을 뜻하는 대명사예요. 러시아어는 현재 시제에서 be 동사가 생략되기 때문에 э́то 다음에 바로 명사를 쓰면 '이것은 ~이다, 이 사람은 ~이다'라고 말할 수 있어요.

Это	Серге́й
에따	쎄르게이
이 사람	세르게이

2분 입에서 바로 나오는 문장 말하기 01-1

Это телефо́н.
에따　　　　찔리폰

이것은 전화기야.

Это маши́на.
에따　　　　마쉬나

이것은 자동차야.

Это ма́ма и па́па.
에따　　마마　이　빠-빠

이분은 엄마와 아빠야.

✔ 단어 체크

телефо́н 찔리폰 전화기 / маши́на 마쉬나 자동차 / ма́ма 마마 엄마 / и 이 그리고 /
па́па 빠-빠 아빠

3분 회화로 응용하기

что는 무엇(what), кто는 누구(who)를 뜻하는 의문사예요. 대상이 사물인지, 사람 인지에 따라 알맞게 묻고 대답해 봐요.

Что э́то?
쉬또 에따
이것은 뭐야?

Это дом.
에따 돔
이것은 집이야.

Кто э́то?
크또 에따
이 사람은 누구야?

Это брат.
에따 브랏
이 사람은 오빠야.

○ дом [돔] 집

○ тетра́дь [찌뜨라지] 공책

○ кни́га [끄니가] 책

○ брат [브랏] 남자 형제

○ сестра́ [씨스뜨라] 여자 형제

○ профе́ссор [쁘라페씨르] 교수

3분 문제로 확인해 보기

러시아어는 우리말로, 우리말은 러시아어로 바꿔 보세요!

1 Это брат и сестра́.　　▸ _____

2 Это маши́на.　　▸ _____

3 이것은 집이야.　　▸ _____

4 이분은 엄마와 아빠야.　　▸ _____

오늘의 10분 끝!

02

나는 학생이야.

Я로 직업, 신분, 국적 말하기

2분 초간단 개념 잡기

앞서 설명한 대로 러시아어는 현재 시제에서 be 동사가 생략돼요. 그래서 주어 다음에
바로 명사를 넣으면 '(주어가) ~이다'라는 표현을 할 수 있어요. '나'를 뜻하는 인칭대명사
Я 다음에 명사를 사용해 나의 직업, 국적, 신분 등을 말해 볼까요?

Я	студе́нт
야	스뚜졘뜨
나는	학생이다

여자인 경우 студе́нтка
[스뚜졘뜨까]라고 해요.

2분 입에서 바로 나오는 문장 말하기

 02-1

Я коре́ец ♂ / корея́нка ♀.
야　까레예츠　　　　까리얀까

나는 한국 사람이야.

Я учи́тель ♂ / учи́тельница ♀.
야　우취쩰　　　　　우취쩰니짜

나는 교사야.

Я врач.
야　브라취

나는 의사야.

✔ **단어 체크**

студе́нт 스뚜졘뜨 ♂ - студе́нтка 스뚜졘뜨까 ♀ 학생 / коре́ец 까레예츠 ♂ - корея́нка 까리얀까 ♀
한국 사람 / учи́тель 우취쩰 ♂ - учи́тельница 우취쩰니짜 ♀ 교사 / врач 브라취 의사

3분 회화로 응용하기 🎧 02-2

'나는 ~이다'라는 표현으로 직업, 국적, 신분을 묻고 답해 봐요. '나는 ~이 아니다'는
부정하고자 하는 단어 앞에 **не**를 쓰면 돼요. 긍정문과 부정문 모두 연습해 보세요.

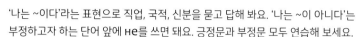

Вы инженéр?
비   인쩨녜르
당신은 엔지니어예요?

Да, я инженéр.
다   야   인쩨녜르
네, 저는 엔지니어예요.

Нет, я не инженéр.
니옛   야   니   인쩨녜르
아니요, 저는 엔지니어가 아니에요.

- ○ **инженéр** [인쩨녜르] 엔지니어
- ○ **рýсский** [루스끼] ♂ /
  рýсская [루스까야] ♀ 러시아 사람
- ○ **юрúст** [유리스트] 법조인, 변호사
- ○ **пóвар** [뽀바르] 요리사
- ○ **банкúр** [반끼르] 은행원
- ○ **бизнесмéн** [비즈니스몐] ♂ /
  бизнесвýмен [비즈니스부몐] ♀ 사업가

3분 문제로 확인해 보기

러시아어는 우리말로, 우리말은 러시아어로 바꿔 보세요!

1 Я учúтель.   ▶ _____

2 Я не студéнтка.   ▶ _____

3 나는 한국 사람이야.   ▶ _____

4 나는 의사가 아니야.   ▶ _____

오늘의 10분 끝!

03 나는 한국에서 왔어.

из로 출신 말하기

2분 초간단 개념 잡기

из는 영어의 from에 해당하는 전치사로 '~로 부터'라는 뜻이에요. из 다음에 생격 명사를 써서 어디 출신인지 표현할 수 있어요. 생격에서 남성 명사의 어미는 -a, -я로, 여성 명사의 어미는 -ы, -и로 변해요. 생격 178p 참고

Я	из	Южной Коре́и
야	이즈	유쥐나이 까례이
나는	~로부터	한국

2분 입에서 바로 나오는 문장 말하기

03-1

Я из Сеу́ла.
야 이스 씨울라

나는 서울에서 왔어.

Я из Росси́и.
야 이즈 라씨

나는 러시아에서 왔어.

Я из Москвы́.
야 이즈 마스끄븨

나는 모스크바에서 왔어.

из 다음에 유성음이 나오면 '이즈'로, 무성음이 나오면 '이스'로 발음해요.

✓ 단어 체크

из 이즈/이스 ~로부터 / Южная Коре́я 유쥐나야 까례야 한국 / Сеу́л 씨울 서울 / Росси́я 라씨야 러시아 / Москва́ 마스끄바 모스크바

'어디로부터'라는 뜻의 의문사 отку́да를 사용해 어디서 왔는지 묻고 답해 보세요.
из 다음에는 생격 명사를 써야 한다는 점 잊지 마세요!

Отку́да вы?
앗꾸다　비
어디서 왔어요?

Я из Фра́нции.
야　이스　프란찌
저는 프랑스에서 왔어요.

생격

○ Фра́нции [프란찌] 프랑스

○ Аме́рики [아메리끼] 미국

○ Англии [앙글리] 영국

○ Япо́нии [이뽀니] 일본

○ Кита́я [끼따야] 중국

 문제로 확인해 보기

러시아어는 우리말로, 우리말은 러시아어로 바꿔 보세요!

1 Я из Росси́и.　▶

2 Я из Аме́рики.　▶

3 나는 한국에서 왔어.　▶

4 나는 중국에서 왔어.　▶

오늘의 10분 끝!

오늘의 **10분 시작!**

04 나는 결혼했어.

Я + 단어미 형용사로 상태 말하기

2분 초간단 개념 잡기

주어와 단어미 형용사를 이용해 나의 상태를 표현할 수 있어요. 주어가 남성이면 단어미 형용사가 자음으로, 여성이면 -a로 끝난다는 점 주의하세요.

Я	**жена́т**
야	쥐낫
나는	기혼이다

> 여자의 경우에는 за́мужем [자무쳄] 이라고 해요.

2분 입에서 바로 나오는 문장 말하기 🎧 04-1

Я за́нят ♂ / занята́ ♀.
야   자닛   자니따

나는 바빠.

Я рад ♂ / ра́да ♀.
야   랏   라다

나는 기뻐.

Я гото́в ♂ / гото́ва ♀.
야   가또프   가또바

나는 준비가 됐어.

> за́мужем은 부사예요.

✓ 단어 체크

жена́т 쥐낫 ♂ - за́мужем 자무쳄 ♀ 기혼의 / за́нят 자닛 ♂ - занята́ 자니따 ♀ 바쁜 /

рад 랏 ♂ - ра́да 라다 ♀ 기쁜 / гото́в 가또프 ♂ - гото́ва 가또바 ♀ 준비된

3분 회화로 응용하기

  04-2

상태를 묻고 답해 보세요. 주어가 вы(당신)인 경우에는 -ы로 끝나는 복수형 단어미 형용사를 사용해야 한다는 점 기억하세요.

> Вы согла́сны?
> 븨 쌔글라쓰늬
> 당신은 동의해요?

> Да, я согла́сен.
> 다 야 쌔글라쎈
> 네, 저는 동의해요.

- ○ согла́сен [쌔글라쎈] ♂ / согла́сна [쌔글라쓰나] ♀ / согла́сны [쌔그라쓰늬] (복) 동의하는
- ○ дово́лен [다볼롄] ♂ / дово́льна [다볼나] ♀ / дово́льны [다볼늬] (복) 만족하는
- ○ сыт [씻] ♂ / сыта́ [쓰따] ♀ / сы́ты [쓰띄] (복) 배부른

3분 문제로 확인해 보기

러시아어는 우리말로, 우리말은 러시아어로 바꿔 보세요!

1 Я за́мужем. ▶ _____

2 Я не согла́сен/согла́сна. ▶ _____

3 나는 배불러. ▶ _____

4 나는 바빠. ▶ _____

오늘의 **10분** 끝!

04 나는 결혼했어. 39

05 우리는 대학생이야.

Мы로 우리의 직업과 관계 말하기

2분 초간단 개념 잡기

러시아어는 현재 시제에서 be 동사가 생략된다는 것 잊지 않으셨죠? 이제 복수 표현을 알아볼게요. 일반적으로 어미에 -ы를 붙이면 복수가 돼요. 복수형 23p 참고

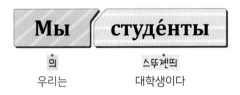

Мы	студе́нты
의	스뚜졘띄
우리는	대학생이다

2분 입에서 바로 나오는 문장 말하기 05-1

Мы коре́йцы.
의　까례이쯰

우리는 한국 사람이야.

Мы спортсме́ны.
의　스빠르쯔몌늬

우리는 운동선수야.

Мы друзья́.
의　드루지야

우리는 친구야.

✓단어 체크

коре́йцы 까례이쯰 한국 사람들(коре́ец 까례예쯔 한국 사람) / студе́нты 스뚜졘띄 학생들
(студе́нт 스뚜졘뜨 학생) / спортсме́ны 스빠르쯔몌늬 운동선수들(спортсме́н 스빠르쯔몌
운동선수) / друзья́ 드루지야 친구들(друг 드룩 친구 *불규칙 변화)

상대방이 무슨 사이인지, 어떤 사람들인지 묻고 답해 보세요!

Вы супру́ги?
빅　　수쁘루기
당신들은 부부예요?

Да, мы супру́ги.
다　 믜　　수쁘루기
네, 우리는 부부예요.

○ супру́ги [수쁘루기] 부부
○ колле́ги [깔례기] 동료
○ иностра́нцы [이나스뜨란쯰] 외국인들
○ шко́льники [쉬꼴니끼] (초·중·고) 학생들
○ кита́йцы [끼따이쯰] 중국인들

 문제로 확인해 보기

러시아어는 우리말로, 우리말은 러시아어로 바꿔 보세요!

1 Мы друзья́.　▶ _____

2 Мы спортсме́ны.　▶ _____

3 우리는 부부야.　▶ _____

4 우리는 한국 사람이야.　▶ _____

오늘의 **10분** 끝!

01-05 / Review

1. 부정문을 만들어 보세요.

> Это телефóн. → Это не телефóн.
> 이것은 전화기야.　　이것은 전화기가 아니야.

① Это брат.
이 사람은 남동생(형, 오빠)이야.

→ _____
이 사람은 남동생(형, 오빠)이 아니야.

② Я студéнт.
나는 대학생이야.

→ _____
나는 대학생이 아니야.

③ Я женáт. (♂)
나는 기혼이야.

→ _____
나는 미혼이야.

④ Мы друзья́.
우리는 친구야.

→ _____
우리는 친구가 아니야.

2. 그림에 맞는 단어를 **보기** 에서 찾아 쓰세요.

> **보기** тетрáдь / маши́на / юри́ст / кни́га / врач
> ру́чка / бизнесмéн / пóвар / инженéр

①
→ _____

②
→ _____

③
→ _____

④
→ _____

3/ 질문과 답변을 알맞게 연결해 보세요.

ㅣ Что э́то?　　　●

ㄹ Кто э́то?　　　●

ㅋ Отку́да вы?　　●

ㅐ Вы студе́нты?　●

● а) Я из Ю́жной Коре́и.

● б) Это дом.

● в) Да, мы студе́нты.

● г) Это ма́ма и па́па.

> 한 집단 내에 남성과 여성이 함께 있을 때 복수형은 남성형을 기준으로 해서 만들어져요. 따라서 여기서는 남성형을 기준으로 복수형을 만들어 보세요.

4/ 다음의 표를 채우세요.

	남성	여성	복수	어휘
ㅣ	Я _____.	Я _____.	Мы коре́йцы.	한국인
ㄹ	Я рад.	Я _____.	Мы _____.	기쁘다
ㅋ	Я _____.	Я _____.	Мы за́няты.	바쁘다

정답

1/　ㅣ Это не брат.　　　ㄹ Я не студе́нт.
　　ㅋ Я не жена́т.　　　ㅐ Мы не друзья́.

2/　ㅣ маши́на　　ㄹ врач　　ㅋ по́вар　　ㅐ кни́га

3/　ㅣ б) (이것은 무엇입니까? – 이것은 집입니다.)　ㄹ г) (이 사람은 누구입니까? – 이분들은 엄마와 아빠입니다.)
　　ㅋ а) (어디 출신이세요? – 한국에서 왔어요.)　ㅐ в) (여러분은 대학생이에요? – 네, 저희는 대학생입니다.)

4/　ㅣ коре́ец, коре́янка　　ㄹ ра́да, ра́ды
　　ㅋ за́нят, занята́

러시아어로 이름짓기

러시아 소설을 읽다 보면 우리의 머리를 아프게 하는 문제가 있으니 바로 등장인물들의 '이름'이에요. '로쟈, 로지온, 로지온 로마노비치, 라스콜리니코프'는 모두 '죄와 벌'의 주인공인 '로지온 로마노비치 라스콜리니코프'를 작품 속에서 칭하는 방식인데요. 그럼 러시아어 이름이 왜 이렇게 어려운지 한 번 살펴볼까요?

✿ 러시아 이름은 '이름+부칭+성' 세 부분으로 이루어져 있어요.

'부칭'은 아버지의 이름을 나타내며, 보통 남자는 '-비취', 여자는 '-브나'로 끝난답니다. 푸틴 러시아 대통령의 이름을 예로 들어볼게요. 풀네임은 아래와 같아요.

Влади́мир	Влади́мирович	Пу́тин
블라지미르	블라지미라비취	뿌찐
이름	부칭	성

✿ 공적인 자리에서는 '이름+부칭'으로 불러요.

나이가 많거나 지위가 높은 상대를 정중하고 격식 있게 부를 때는 '이름+부칭'으로 불러야 해요. 예를 들어, 푸틴 대통령을 부를 때는 '블라지미르 블라지미라비취' 이렇게 불러야겠죠.

❄ 친근한 사이에는 '애칭'으로 불러요.

친한 친구나 가족 사이에는 '애칭'을 불러요. 예를 들어, '블라지미르'의 애칭으로는 Воло́дя [발로쟈], Бо́ва [보바] 등이 있어요. 우리가 많이 들어본 이름이 애칭인 경우도 있어요. 예를 들어, Ма́ша [마샤], Ната́ша [나따샤]는 각각 Мари́я [마리야]와 Ната́лья [나딸리야]의 애칭이에요.

❄ 재미있는 러시아 성들

러시아 성 가운데는 동물의 이름과 관련된 것들이 많아요. Медве́дев [메드베제프]는 '곰', За́йцев [자이쩨프]는 '토끼', Во́лков [볼꼬프]는 '늑대'라는 단어에서 왔답니다.

직업을 딴 성도 많아요. 예를 들어, Кузнецо́в [꾸즈니쪼프]는 '대장장이', Попо́в [빠뽀프]는 '성직자'라는 단어에서 왔어요.

. . . .

✳✳ 여성의 성은 남성의 성에 -a를 붙여주면 돼요. 예를 들어, 남자의 성은 Попо́в이지만, 여자의 성은 Попо́ва [빠뽀바]예요.

여러분도 러시아어로 이름을 한 번 지어보세요.

나의 러시아어 이름 :

РАЗДЕЛ
02

기초 중의 기초!
초간단 기본 표현을
익혀봐요!

06 오늘은 날이 더워.

сегóдня로 오늘의 날씨 말하기

2분 초간단 개념 잡기

날씨 표현은 아주 간단하게 말할 수 있어요. 현재 시제에서 be 동사가 생략되기 때문에
'오늘'을 뜻하는 сегóдня라는 단어와 함께 날씨를 표현하는 단어만 말하면 돼요.

Сегóдня	**жáрко**
씨보드냐	쵸르까
오늘은	덥다

2분 입에서 바로 나오는 문장 말하기   06-1

Сегóдня хóлодно.
씨보드냐　훌라드나

오늘은 날이 추워.

Сегóдня теплó.
씨보드냐　찌뿔로

오늘은 날이 따뜻해.

Сегóдня прохлáдно.
씨보드냐　쁘라훌라드나

오늘은 날이 선선해.

✔ **단어 체크**

жáрко 쵸르까 덥다 / хóлодно 훌라드나 춥다 / теплó 찌뿔로 따뜻하다 /
прохлáдно 쁘라훌라드나 선선하다

오늘의 날씨를 묻고 대답해 보세요.

Сего́дня па́смурно?
씨보드냐 　 빠스무르나
오늘 (날씨가) 흐려?

Да, сего́дня
다 　 씨보드냐
*о́чень па́смурно.
오췬 　 빠스무르나
응, 오늘 (날씨는) 매우 흐려.

- ○ па́смурно [빠스무르나] 흐리다
- ○ ду́шно [두쉬나] 후덥지근하다
- ○ со́лнечно [쏠니취나] 화창하다

★ о́чень 오췬 정말, 매우

3분 문제로 확인해 보기

러시아어는 우리말로, 우리말은 러시아어로 바꿔 보세요!

1 Сего́дня тепло́. ▶ _____

2 Сего́дня хо́лодно. ▶ _____

3 오늘은 날이 더워. ▶ _____

4 오늘은 날이 흐려. ▶ _____

오늘의 10분 끝!

07 나는 심심해.

мне로 나의 기분 말하기

2분 초간단 개념 잡기

주어의 의사와 상관없이 발생하는 상황, 즉 감정이나 기분을 표현할 때는 я(나는, 주격)가 아닌 мне(나에게, 여격)를 사용해요. 그래서 기분을 말할 때는 'мне + 술어(기분, 상태를 표현하는 단어)' 표현을 써요.

Мне	скýчно
므녜	스꾸쉬나
나에게	심심하다

2분 입에서 바로 나오는 문장 말하기

🔊 07-1

Мне вéсело.
므녜 베ⁿ쎌라

나는 즐거워.

Мне грýстно.
므녜 그루쓰나

나는 우울해.

Мне обúдно.
므녜 아비드나

나는 화가 나.

✔ **단어 체크**

скýчно 스꾸쉬나 심심하다, 지루하다 / вéсело 베ⁿ쎌라 즐겁다 / грýстно 그루쓰나 우울하다 /
обúдно 아비드나 화나다, 속상하다

'당신에게(여격)'라는 뜻의 вам을 활용해 상대방의 감정이나 몸 상태가 어떠한지 묻고
대답해 보세요.

> **Вам не стра́шно?**
> 밤　니　스뜨라쉬나
> 무섭지 않으세요?

> **Мне о́чень стра́шно.**
> 므녜　오친　스뜨라쉬나
> 저는 매우 무서워요.

○ стра́шно [스뜨라쉬나] 무섭다, 두렵다	○ сты́дно [스띄드나] 창피하다
○ жа́рко [좌르까] 덥다	○ хо́лодно [홀라드나] 춥다
○ тяжело́ [찌쥘로] 힘들다	○ бо́льно [볼나] 아프다
○ пло́хо [쁠로하] (기분이나 몸 상태가) 좋지 않다	○ хорошо́ [하라쇼] (기분이나 몸 상태가) 좋다

3분 문제로 확인해 보기

러시아어는 우리말로, 우리말은 러시아어로 바꿔 보세요!

1 Мне оби́дно.　　　▶ _____

2 Мне ве́село.　　　▶ _____

3 나는 추워.　　　　　▶ _____

4 나는 심심해.　　　　▶ _____

08 나는 모스크바가 좋아.

нра́виться로 좋아하는 것 말하기

2분 초간단 개념 잡기

нра́виться 동사는 '~이 마음에 들다'라는 뜻으로 어떤 것에 대한 호감을 나타낼 때 가장 보편적으로 쓰는 말이에요. 좋아하는 대상은 명사(주격) 또는 동사원형으로 나타내요. '싫다'는 표현은 нра́виться 앞에 не을 붙이면 되겠죠!

Мне	нра́вится	Москва́
므녜	느라빗짜	마스끄바
나에게	마음에 들다	모스크바가

2분 입에서 바로 나오는 문장 말하기

  08-1

Мне нра́вится му́зыка.
므녜 　느라빗짜 　무지까

나는 음악을 좋아해.

Мне нра́вится зима́.
므녜 　느라빗짜 　지마

나는 겨울이 좋아.

Мне не нра́вится танцева́ть.
므녜 　니 　느라빗짜 　딴찌밧쯔

나는 춤추는 게 싫어.

✔ 단어 체크

Москва́ 마스끄바 모스크바 / му́зыка 무지까 음악 / зима́ 지마 겨울 /
танцева́ть 딴찌밧쯔 춤을 추다

여러분은 무엇을 좋아해요? 좋아하는 것을 묻고 대답해 보세요.

> Вам нра́вится ко́фе?
> 밤   느라빗쨔   꼬페
> 당신은 커피를 좋아해요?

> Да, мне нра́вится ко́фе.
> 다   므녜   느라빗쨔   꼬페
> 네, 저는 커피를 좋아해요.

- ○ ко́фе [꼬페] 커피   ○ мо́ре [모례] 바다
- ○ ру́сская еда́ [루스까야 이다] 러시아 음식
- ○ весна́ [비쓰나] 봄   ○ ле́то [레따] 여름   ○ о́сень [오씬] 가을
- ○ петь [뼤쯔] 노래하다   ○ пла́вать [쁠라바쯔] 수영하다

3분 문제로 확인해 보기

러시아어는 우리말로, 우리말은 러시아어로 바꿔 보세요!

1 Мне нра́вится танцева́ть. ▸ _____

2 Мне не нра́вится зима́. ▸ _____

3 나는 모스크바가 좋아. ▸ _____

4 나는 노래하는 걸 좋아해. ▸ _____

오늘의 10분 끝!

나는 아들이 있어.

есть로 소유하고 있는 것 말하기

2분 초간단 개념 잡기

소유 표현을 할 때는 '있다'를 뜻하는 есть와 '~에게'를 뜻하는 전치사 y를 사용해요.
'나에게 ~가 있다'라고 말할 때는 'y меня есть + 소유 대상(주격)'이라는 표현을 써요.

У меня	**есть**	**сын**
우 미냐	예스쯔	씬
나에게	있다	아들이

2분 입에서 바로 나오는 문장 말하기 🔊 09-1

У меня есть сестра́.
우 미냐 예스쯔 씨스뜨라

나는 여자 형제가 있어.

У меня есть соба́ка.
우 미냐 예스쯔 싸바까

나는 개를 키워.

У меня есть план.
우 미냐 예스쯔 빨란

나는 계획이 있어.

✓ 단어 체크

сын 씬 아들 / сестра́ 씨스뜨라 여자 형제 / соба́ка 싸바까 개 / план 빨란 계획

09-2

소유 표현을 연습해 보세요. 질문을 할 때는 есть라는 단어의 억양을 올려야 해요!

У вас есть брат?
우 바쓰 예스쯔 브랏
당신에게는 남자 형제가 있어요?

Да, у меня́ есть брат.
다 우 미냐 예스쯔 브랏
네, 저는 남자 형제가 있어요.

- брат [브랏] 남자 형제
- дочь [도취] 딸
- де́ти [졔찌] 자녀들
- телефо́н [찔리폰] 전화
- маши́на [마쉬나] 자동차
- компью́тер [깜쀼떼르] 컴퓨터
- де́ньги [졔니기] 돈
- вре́мя [브례먀] 시간

3분 문제로 확인해 보기

러시아어는 우리말로, 우리말은 러시아어로 바꿔 보세요!

1. У меня́ есть де́ти. ▶ _____

2. У меня́ есть сестра́. ▶ _____

3. 나는 자동차가 있어. ▶ _____

4. 나는 계획이 있어. ▶ _____

오늘의 10분 끝!

09 나는 아들이 있어. 55

나는 아들이 없어.

Нет으로 소유하지 않은 것 말하기

2분 초간단 개념 잡기

'~가 없다'는 표현은 есть 대신 нет(not)을 쓰면 돼요. нет과 함께 쓰는 명사를 생격으로 바꿔야 한다는 점 명심하세요! 생격에서 남성 명사 어미는 -а, -я, 여성 명사 어미는 -ы, -и로 변해요. 생격 178p 참고

У меня́	нет	сы́на
우 미냐	니옛	씨나
나에게	없다	아들이

2분 입에서 바로 나오는 문장 말하기

   10-1

У меня́ нет бра́та.
우 미냐 니옛 브라따

나는 남자 형제가 없어.

У меня́ нет соба́ки.
우 미냐 니옛 싸바끼

나는 개를 키우지 않아.

У меня́ нет сестры́.
우 미냐 니옛 씨스뜨리

나는 여자 형제가 없어.

✔ 단어 체크

сын 쓴 아들 / брат 브랏 남자 형제 / соба́ка 싸바까 개 / сестра́ 씨스뜨라 여자 형제

3분 회화로 응용하기

무엇을 소유하고 있는지 묻고 답해 보세요.

У вас есть телефóн?
우 바쓰 예스쯔 찔리폰
당신에게 전화기가 있나요?

Нет, у меня́
니옛, 우 미냐
нет телефóна.
니옛 찔리포나
네, 저는 전화기가 없어요.

주격	생격
○ телефóн [찔리폰] 전화	○ телефóна [찔리포나] 전화
○ плáн [쁠란] 계획	○ плáна [쁠라나] 계획
○ маши́на [마쉬나] 자동차	○ маши́ны [마쉬늬] 자동차
○ дéньги [졔기] 돈	○ дéнег [졔넥] 돈
○ врéмя [브례먀] 시간	○ врéмени [브례메니] 시간

★참고 мнóго [므노가] (많다), мáло [말라] (적다)라는 단어 뒤에도 생격이 와요. нет(없다) 대신에 '나에게는 ~이 많다' 또는 '나에게는 ~이 적다'라는 표현도 연습해 보세요.

3분 문제로 확인해 보기

러시아어는 우리말로, 우리말은 러시아어로 바꿔 보세요!

1 У меня́ нет маши́ны. ▶ _____

2 У меня́ мáло дéнег. ▶ _____

3 나는 시간이 없어. ▶ _____

4 나는 전화기가 없어. ▶ _____

오늘의 10분 끝!

1. 반의어를 사용해 문장을 바꿔 보세요.

> Сего́дня па́смурно. → Сего́дня со́лнечно.
> 오늘은 흐려.   오늘은 화창해.

1 Сего́дня прохла́дно.
오늘은 선선해.

→ _____
오늘은 따뜻해.

2 Сего́дня жа́рко.
오늘은 더워.

→ _____
오늘은 추워.

3 Мне интере́сно.
나는 재밌어.

→ _____
나는 지루해.

4 Мне пло́хо.
나는 컨디션(기분)이 안 좋아.

→ _____
나는 컨디션(기분)이 좋아.

5 У меня́ ма́ло вре́мени.
나는 시간이 조금밖에 없어.

→ _____
나는 시간이 많아.

2. 한국어 의미에 맞도록 빈칸에 알맞은 표현을 쓰세요.

1 [_____] нра́вится Москва́. 나는 모스크바가 좋아.

2 [_____] нра́вится ру́сская еда́? 당신은 러시아 음식을 좋아해요?

3 [_____] есть дочь. 나는 딸이 있어.

4 [_____] есть де́ти? 당신은 아이들이 있어요?

3/ 주어진 문장을 보기와 같이 바꿔 쓰세요.

> **보기** У меня́ есть маши́на. → У меня́ нет маши́ны.
> 나는 자동차가 있어.　　　　　　　나는 자동차가 없어.

┤ У меня́ есть брат. →　_____
나는 형제가 있어.　　　　　나는 형제가 없어.

2 У меня́ есть сестра́. →　_____
나는 자매가 있어.　　　　　나는 자매가 없어.

3 У меня́ есть де́ньги. →　_____
나는 돈이 있어.　　　　　나는 돈이 없어.

4/ 나는 누구일까요? 아래 설명을 보고 누구인지 고르세요.

> Мне нра́вится зима́, *но не нра́вится ле́то. Мне нра́вится
> петь и пла́вать. У меня́ есть *кры́лья.　 ★ но 그러나 / кры́лья 날개

а)　　б)　　в)　　г)　

정답

1/ ┤ Сего́дня тепло́.　　2 Сего́дня хо́лодно.
3 Мне ску́чно.　　4 Мне хорошо́.
5 У меня́ мно́го вре́мени.

2/ ┤ Мне　2 Вам　3 У меня́　4 У вас

3/ ┤ У меня́ нет бра́та.　2 У меня́ нет сестры́.　3 У меня́ нет де́нег.

4/ в) пингви́н 펭귄 (해석: 나는 겨울을 좋아하고, 여름을 싫어해요. 나는 노래하고 수영하는 것을 좋아해요. 나는 날개가 있어요.)

이것은 나의 집이야.

мой로 내가 소유하고 있는 것 말하기

2분 초간단 개념 잡기

소유형용사는 꾸밈을 받는 명사의 성, 수, 격에 따라 변해요. '나의'라는 뜻을 가진 мой는 성과 수에 따라 мой (남) [모이], моя́ (여) [마야], моё (중) [마요], мои́ (복) [마이]의 형태를 가져요. 소유형용사가 어떻게 변화하는지 눈여겨보면서 아래 표현을 익혀 보세요. 성과 수 22~23p 참고

Это	мой	дом
에따	모이	돔
이것은	나의	집

2분 입에서 바로 나오는 문장 말하기 🔊 11-1

Это моя́ ру́чка.
에따　마야　루취까

이것은 내 볼펜이야.

Это моё пальто́.
에따　마요　　빨또

이것은 내 코트야.

Это мои́ друзья́.
에따　마이　드루지야

이들은 내 친구들이야.

 단어 체크

дом 돔 집 / ру́чка 루취까 볼펜 / пальто́ 빨또 코트 / друзья́ 드루지야 (복) 친구들

누가 소유하고 있는지 물어볼까요?

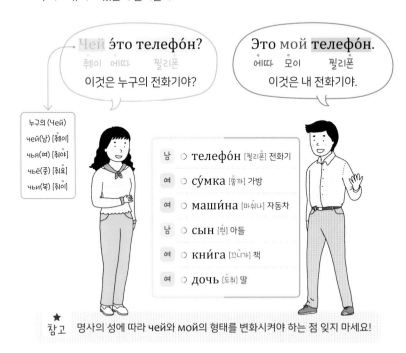

> **Чей** э́то телефо́н?
> 췌이 에따 찔리폰
> 이것은 누구의 전화기야?

> Э́то мой **телефо́н**.
> 에따 모이 찔리폰
> 이것은 내 전화기야.

누구의 (Чей)
Чей(남) [췌이]
Чья(여) [취야]
Чьё(중) [취요]
Чьи(복) [취이]

남	телефо́н [찔리폰] 전화기
여	су́мка [쑴까] 가방
여	маши́на [마쉬나] 자동차
남	сын [씬] 아들
여	кни́га [끄니가] 책
여	дочь [도취] 딸

★ 참고 명사의 성에 따라 чей와 мой의 형태를 변화시켜야 하는 점 잊지 마세요!

3분 **문제로 확인해 보기**

러시아어는 우리말로, 우리말은 러시아어로 바꿔 보세요!

1 Чья э́то кни́га? ▶ _____

2 Э́то моя́ су́мка. ▶ _____

3 이것은 내 볼펜이야. ▶ _____

4 이 사람은 내 친구들이야. ▶ _____

오늘의 10분 끝!

오늘의 **10분** 시작!

12 ___ **이 사람은 당신의 형제예요?**

Ваш로 상대방의 소유물 물어보기

2분 초간단 개념 잡기

소유형용사는 꾸밈을 받는 명사의 성, 수, 격에 따라 변화해요. '당신의, 여러분의'라는 뜻을 가진 ваш는 ваш (남) [바쉬], вáша (여) [바샤], вáше (중) [바쉐], вáши (복) [바쉬]의 형태예요. 그리고 중요한 억양! 이 의문문에서 궁금한 것은 '당신의 것인지 아닌지'이므로 ваш를 올려 줍니다. 성과 수 22~23p 참고

Это	ваш	брат	?
에따	바쉬	브랏	
이것은	너의	형제	

2분 입에서 바로 나오는 문장 말하기　🔈 12-1

Это вáша сестрá?
에따　바샤　씨스뜨라

이 사람은 당신의 자매예요?

Это вáше письмó?
에따　바쉐　삐쓰모

이것은 당신의 편지예요?

Это вáши очки́?
에따　바쉬　아취끼

이것은 당신의 안경이에요?

✔ 단어 체크

брат 브랏 남자 형제 / сестрá 씨스뜨라 여자 형제 / письмó 삐쓰모 편지 / очки́ 아취끼 안경

3분 회화로 응용하기

🔊 12-2

명사의 성, 수, 격에 따라 변하는 소유형용사에 유의하여 묻고 대답해 보세요. ваш와 мой의 형태는 꾸밈을 받는 명사에 따라 달라지는 점 잊지 마세요!

Это ваш дéдушка?
에따 바쉬 졔두쉬까
이분은 당신의 할아버지예요?

Нет, э́то не мой дéдушка.
니옛 에따 니 모이 졔두쉬까
아니요, 이분은 나의 할아버지가 아니에요.

мой (남) [모이]
моя́ (여) [마야]
моё (중) [마요]
мои́ (복) [마이]

남	○ дéдушка [졔두쉬까] 할아버지	○ телефóн [찔리폰] 전화기
여	○ бáбушка [바부쉬까] 할머니	○ кни́га [끄니가] 책
중	○ пальтó [빨또] 코트	○ мéсто [몌스따] 자리

3분 문제로 확인해 보기

러시아어는 우리말로, 우리말은 러시아어로 바꿔 보세요!

1 Это вáше мéсто? ▶ _____

2 Это вáша сестрá? ▶ _____

3 이분은 당신의 할머니예요? ▶ _____

4 이것은 당신의 안경이에요? ▶ _____

오늘의 10분 끝!

13 이것은 새로운 스마트폰이야.

НО́ВЫЙ로 형용사 변화형 연습하기

2분 초간단 개념 잡기

일반 형용사의 변화형을 연습해 볼까요? 형용사는 꾸밈을 받는 명사의 성, 수, 격에 따라 변한다는 점을 기억하면서 아래 표현을 익혀 보아요! 형용사 24p 참고

Это	но́вый	смартфо́н
에따	노븨	스마르뜨폰
이것은	새로운	스마트폰

2분 입에서 바로 나오는 문장 말하기

  13-1

Это но́вая руба́шка.
에따　노바야　　루바쉬까

이것은 새 셔츠야.

Это но́вое кафе́.
에따　노바예　　까페

이것은 새로 생긴 카페야.

Это но́вые брю́ки.
에따　노븨예　　브류끼

이것은 새 바지야.

✓ 단어 체크

смартфо́н 스마르뜨폰 스마트폰 / руба́шка 루바쉬까 셔츠 / кафе́ 까페 카페 / брю́ки 브류끼 바지

빈칸에 주어진 어휘를 넣어서 말해 보세요! 형용사는 꾸밈을 받는 명사에 따라 형태를 변화시켜야 한다는 점 잊지 마세요!

★
TIP 오래된, 낡은 - ста́рый(남) [스따리], ста́рая(여) [스따라야],
      ста́рое(중) [스따라예], ста́рые(복) [스따리예]

Это но́вая маши́на?
에따 노바야   마쉬나
이것은 새 자동차야?

Нет, э́то ста́рая маши́на.
니옛, 에따 스따라야   마쉬나
아니, 이것은 오래된(헌) 자동차야.

여	○ маши́на [마쉬나] 자동차
여	○ блу́зка [블루스까] 블라우스
중	○ зда́ние [즈다니예] 건물
중	○ пальто́ [빨또] 코트
중	○ пла́тье [쁠라찌예] 원피스
복	○ очки́ [아취끼] 안경

3분 문제로 확인해 보기

러시아어는 우리말로, 우리말은 러시아어로 바꿔 보세요!

1 Это но́вое кафе́.　▶ _____

2 Это ста́рая маши́на.　▶ _____

3 이것은 새 스마트폰이야.　▶ _____

4 이것은 헌 블라우스야.　▶ _____

오늘의 10분 끝!

오늘의 **10분** 시작!

14 나는 러시아어를 할 줄 알아.

говори́ть로 구사하는 언어 말하기

2분 초간단 개념 잡기

'말하다'라는 동사는 говори́ть예요. говори́ть 뒤에 '~한 언어로'라는 의미의 부사를 붙여 어떤 언어를 말할 수 있는지 말해 봐요.

Я	говорю́	по-ру́сски
야	가바류	빠루스끼
나는	말하다	러시아어로

2분 입에서 바로 나오는 문장 말하기   14-1

Я говорю́ по-коре́йски.
야 가바류 빠까례이스끼

나는 한국어를 할 줄 알아.

Я говорю́ по-англи́йски.
야 가바류 빠안글리스끼

나는 영어를 할 줄 알아.

Я говорю́ по-кита́йски.
야 가바류 빠끼따이스끼

나는 중국어를 할 줄 알아.

✔단어 체크

по-ру́сски 빠루스끼 러시아어로 / по-коре́йски 빠까례이스끼 한국어로 /

по-англи́йски 빠안글리스끼 영어로 / по-кита́йски 빠끼따이스끼 중국어로

어떤 언어를 말할 줄 아는지 묻고 대답해 보세요.

Вы говори́те
빅   가바리쩨
по-неме́цки?
빠니몌쯔끼
당신은 독일어를 할 줄 알아요?

Да, я *немно́го
다 야   니므노가
говорю́ по-неме́цки.
가바류   빠니몌쯔끼
네, 저는 독일어를 조금 할 줄 알아요.

○ по-неме́цки [빠니몌쯔끼] 독일어로

○ по-испа́нски [빠이스빤스끼] 스페인어로

○ по-францу́зски [빠프란꾸스끼] 프랑스어로

○ по-япо́нски [빠이뽄스끼] 일본어로

＊немно́го 니므노가 조금

3분 문제로 확인해 보기

러시아어는 우리말로, 우리말은 러시아어로 바꿔 보세요!

1 Я говорю́ по-коре́йски. ▶

2 Я не говорю́ по-неме́цки. ▶

3 나는 영어를 할 줄 알아. ▶

4 나는 러시아어를 조금 할 줄 알아. ▶

오늘의 **10분** 끝!

15 나는 러시아어를 알아들어.

понима́ть로 이해하는 것 말하기

2분 초간단 개념 잡기

'이해하다'라는 동사는 понима́ть예요. понима́ть 뒤에는 '~ 언어로'라는 의미의 부사나 '~을'에 해당하는 대격을 쓸 수 있어요. 대격 180p 참고

Я	понима́ю	по-ру́сски
야	빠니마유	빠루스끼
나는	이해하다	러시아어로

2분 입에서 바로 나오는 문장 말하기

Я понима́ю по-коре́йски.
야   빠니마유   빠까례이스끼

나는 한국어를 알아들어.

Я понима́ю вас.
야   빠니마유   바쓰

나는 당신을 이해해.

Я понима́ю всё.
야   빠니마유   프쑈

나는 모든 것을 이해해.

✔ 단어 체크

по-ру́сски 빠루스끼 러시아어로 / по-коре́йски 빠까례이스끼 한국어로 / вас 바쓰 당신을 /
всё 프쑈 모든 것

상대방이 무엇을 이해하고 있는지 묻고 답해 보세요!

Вы понима́ете
비   빠니마이쩨
по-англи́йски?
빠안글리스끼
당신은 영어를 이해해요?

Да, я хорошо́
다 야   하라쇼
понима́ю **по-англи́йски**.
빠니마유   빠안글리스끼
네, 저는 영어를 잘 이해해요.

Нет,
니옛
я не понима́ю
야 니   빠니마유
по-англи́йски.
빠안글리스끼
아니요, 저는 영어를
이해하지 못해요.

○ по-англи́йски [빠-안글리스끼] 영어로

○ по-неме́цки [빠-니몌쯔끼] 독일어로

○ по-кита́йски [빠-끼따-이스끼] 중국어로

○ э́тот текст [에땃 쩩스뜨] 이 텍스트를

러시아어는 우리말로, 우리말은 러시아어로 바꿔 보세요!

1 Я понима́ю по-коре́йски.   ▶ _____

2 Я понима́ю всё.   ▶ _____

3 나는 영어를 잘 이해해.   ▶ _____

4 나는 당신을 이해해.   ▶ _____

오늘의 10분 끝!

1/ 다음에 들어갈 단어를 찾아 연결하세요.

1. Чьё э́то _____ ? •   • a) вас

2. Э́то мой _____ . •   • б) пальто́

3. Э́то моя́ _____ . •   • в) маши́на

4. Э́то ва́ши _____ ? •   • г) па́па

5. Я понима́ю _____ . •   • д) очки́

2/ 다음 사람이 어떤 언어를 구사하는지 알맞은 표현을 쓰세요.

1. Меня́ зову́т Мин Хо. Я из Коре́и. Я говорю́ _____ .
   내 이름은 민호야. 한국에서 왔어.

2. Меня́ зову́т Еле́на. Я из Росси́и. Я говорю́ _____ .
   내 이름은 옐레나야. 러시아에서 왔어.

3. Меня́ зову́т Джон. Я из Аме́рики. Я говорю́ _____ .
   내 이름은 존이야. 미국에서 왔어.

4. Меня́ зову́т Ге́нрих. Я из Герма́нии. Я говорю́ _____ .
   내 이름은 헨리히야. 독일에서 왔어.

5. Меня́ зову́т Ван Лин. Я из Кита́я. Я говорю́ _____ .
   내 이름은 왕린이야. 중국에서 왔어.

3 주어진 답을 유도할 수 있는 질문을 쓰세요.

1 А: _____?

Б: Нет, э́то не мой телефо́н.

2 А: _____?

Б: Да, э́то моё ме́сто.

3 А: _____?

Б: Нет, я не понима́ю по-францу́зски.

4 보기 의 형용사를 알맞은 형태로 바꿔 빈칸에 쓰세요.

> 보기   мой / ваш / но́вый / ста́рый

1 Это [_____] кафе́. 이것은 새로 생긴 카페야.

2 Это [_____] [_____] блу́зка. 이것은 나의 새 블라우스야.

3 Это [_____] [_____] друг. 이 사람은 내 오랜 친구야.

비슷한 듯, 비슷하지 않은 **러시아어 현지발음!**

우리가 이미 알고 있는 러시아어 단어, 또는 고유명사를 러시아인들은 어떻게
발음하는지 알아봐요.

· ·

✡ 러시아의 유명한 '볼쇼이 극장'의 '볼쇼이'는 러시아어로 '크다'라는 뜻이에
요. 한 번 원어민처럼 발음해 보세요!

> **Большо́й теа́тр** 발쇼이 찌아뜨르

✡ 현대 러시아가 등장하기 전, '소비에트 연방, 소련'이라는 거대한 국가가 있
었죠. '소비에트'는 원래 평의회라는 뜻이에요. 한 번 원어민처럼 발음해 보
세요!

> **Сове́т** 싸볫

✡ 전 세계적으로 유명한 작가 톨스토이와 작곡가 차이콥스키는 어떻게 발음할
까요? 한 번 원어민처럼 발음해 보세요!

> **Толсто́й** 딸스또이 / **Чайко́вский** 춰이꼽스끼

✿ 그럼 러시아 도시는요? 모스크바, 상트페테르부르크, 블라디보스토크, 우리에게 익숙한 명칭들이죠? 한 번 원어민처럼 발음해 보세요!

> Москва́ 마스끄바 / Владивосто́к 블라지바스똑
>
> Санкт-Петербу́рг 쌍뜨삐찌르부르크

✿ 그럼 외국 지명은요? 외국어니까 러시아어로도 발음이 똑같다고 생각하면 오산이에요. 외국어의 w는 러시아어의 в[베]로, h는 г[게]로 적는 경우가 많아요. 워싱턴과 할리우드를 한 번 원어민처럼 발음해 보세요!

> Вашингто́н 바싱뜬 / Голливу́д 갈리부드

✿ 다른 외국어 고유명사나 외래어는 그럼 어떻게 발음하나요? 햄버거, 해리포터는 이렇게 발음해요. 한 번 원어민처럼 발음해 보세요!

> Га́мбургер 감부르게르 / Га́рри По́ттер 가리 뽀떼르

РАЗДЕЛ
03

내가 하는 행동을
표현해 봐요!

16 나는 잡지를 읽어.

чита́ть로 읽는 것 말하기

2분 초간단 개념 잡기

'읽다'라는 단어는 **чита́ть**예요. чита́ть 다음에는 우리말의 '~을'에 해당하는 대격을 써요. 대격에서 남성(사물)/중성 명사의 어미는 변하지 않고, 여성 명사는 -a, -я가 각각 -y, -ю로 변해요. 대격 180p 참고

Я	чита́ю	журна́л
야	취따유	쥬르날
나는	읽다	잡지를

2분 입에서 바로 나오는 문장 말하기

 16-1

Я чита́ю рома́н.
야   취따유   라만

나는 소설을 읽어.

Я чита́ю газе́ту.
야   취따유   가제뚜

나는 신문을 읽어.

Я чита́ю кни́гу.
야   취따유   끄니구

나는 책을 읽어.

✓ 단어 체크

журна́л 쥬르날 잡지 / рома́н 라만 소설 / газе́та 가제따 신문 / кни́га 끄니가 책

무엇을 읽고 있는지 묻고 답해 보세요.

Что вы читáете?
쉬또 븨 취따이쩨
당신는 무엇을 읽고 있어요?

Я читáю нóвости.
야 취따유 노바스찌
저는 뉴스를 읽어요.

대격
○ нóвости [노바스찌] 뉴스를
○ текст [쩨스트] 텍스트를
○ письмó [삐씨모] 편지를
○ веб-страни́цу [볩 스뜨라니쭈] 웹페이지를
○ статью́ [스따찌유] 기사를, 논문을

 문제로 확인해 보기

러시아어는 우리말로, 우리말은 러시아어로 바꿔 보세요!

1 Я читáю кни́гу. ▶ _____

2 Я читáю ромáн. ▶ _____

3 나는 잡지를 읽어. ▶ _____

4 나는 신문을 읽어. ▶ _____

17

나는 편지를 써.

писа́ть로 쓰는 것 말하기

2분 초간단 개념 잡기

'쓰다'라는 단어는 писа́ть예요. писа́ть 다음에는 대격을 써서 '~을 쓰다'라는 표현을
할 수 있어요. 그리고 앞서 배웠던 '~ 언어로'라는 표현도 함께 쓸 수 있어요.

대격 180p 참고

Я	пишу́	письмо́
야	삐슈	삐씨모
나는	쓰다	편지를

2분 입에서 바로 나오는 문장 말하기

  17-1

Я пишу́ откры́тку.
야   삐슈   앗끄릿트꾸

나는 엽서/카드를 써.

Я пишу́ статью́.
야   삐슈   스따찌유

나는 기사/논문을 써.

Я пишу́ по-ру́сски.
야   삐슈   빠루스끼

나는 러시아어로 써.

✓ 단어 체크

письмо́ 삐씨모 편지 / откры́тка 앗끄릿트까 엽서, 카드 / статья́ 스따찌야 기사, 논문 /
по-ру́сски 빠루스끼 러시아어로

3분 회화로 응용하기   🔊 17-2

무엇을 쓰는지 묻고 답해 보세요. **писа́ть** 다음에는 대격을 써야 한다는 점 잊지 마세요!

Что вы пи́шете?
쉬또   빅   삐쉬쩨
무엇을 쓰고 있어요?

Я пишу́ слова́.
야   삐슈   슬라바
저는 단어를 쓰고 있어요.

> 대격
>
> ○ слова́ [슬라바] 단어를
> ○ запи́ску [자삐스꾸] 쪽지/메모를
> ○ рома́н [라만] 소설을
> ○ стихи́ [스찌히] 시를
> ○ диссерта́цию [지쎼르따찌유] 졸업논문을

3분 문제로 확인해 보기

러시아어는 우리말로, 우리말은 러시아어로 바꿔 보세요!

1 Я пишу́ откры́тку.   ▶ _____

2 Я пишу́ слова́.   ▶ _____

3 나는 편지를 써.   ▶ _____

4 나는 러시아어로 써.   ▶ _____

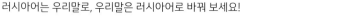

오늘의 10분 끝!

나는 러시아어를 공부해.

изуча́ть로 공부하는 것 말하기

2분 초간단 개념 잡기

'공부하다'라는 단어는 изуча́ть예요. изуча́ть의 목적어로는 보통 배우는 학문이나 과목이 와요. 학문이나 과목은 대격으로 써야 해요. 대격 180p 참고

Я	изуча́ю	ру́сский язы́к
야	이주촤유	루스끼 이직
나는	공부하다	러시아어를

2분 입에서 바로 나오는 문장 말하기   18-1

Я изуча́ю англи́йский язы́к.
야 이주촤유 안글리스끼 이직

나는 영어를 공부해.

Я изуча́ю исто́рию.
야 이주촤유 이스또리유

나는 역사를 공부해.

Я изуча́ю хи́мию.
야 이주촤유 히미유

나는 화학을 공부해.

✓ 단어 체크

ру́сский язы́к 루스끼 이직 러시아어 / англи́йский язы́к 안글리스끼 이직 영어 /

исто́рия 이스또리야 역사 / хи́мия 히미야 화학

무슨 공부를 하는지 묻고 답해 보세요.

Что вы изуча́ете?
쉬또   비   이주촤이쩨
당신은 무엇을 공부해요?

Я изуча́ю коре́йский язы́к.
야 이주촤유   까례이스끼   이직
저는 한국어를 공부해요.

대격

○ коре́йский язы́к [까례이스끼 이직] 한국어를

○ фи́зику [피지꾸] 물리학을

○ филосо́фию [필라쏘피유] 철학을

○ литерату́ру [리쩨라뚜루] 문학을

3분 문제로 확인해 보기

러시아어는 우리말로, 우리말은 러시아어로 바꿔 보세요!

1 Я изуча́ю коре́йский язы́к. ▶ _____

2 Я изуча́ю хи́мию. ▶ _____

3 나는 영어를 공부해. ▶ _____

4 나는 역사를 공부해. ▶ _____

오늘의 **10분** 끝!

19 나는 TV를 봐.

смотре́ть로 보는 것 말하기

2분 초간단 개념 잡기

'보다'라는 단어는 смотре́ть예요. 영어의 watch에 해당하는 단어로 의식적으로 무언가를 시청할 때 써요. 목적어 자리에 오는 명사는 대격으로 표현해요. 대격 180p 참고

Я	смотрю́	телеви́зор
야	스마뜨류	찔리비자르
나는	보다	TV를

2분 입에서 바로 나오는 문장 말하기

 19-1

Я смотрю́ ви́део.
야 스마뜨류 비지오

나는 영상을 봐.

Я смотрю́ фильм.
야 스마뜨류 필름

나는 영화를 봐.

Я смотрю́ сериа́л.
야 스마뜨류 씨리알

나는 드라마를 봐.

✓ 단어 체크

телеви́зор 찔리비자르 TV / ви́део 비지오 영상 / фильм 필름 영화 / сериа́л 씨리알 드라마

무엇을 보고 있는지 묻고 대답해 보세요.

> Что вы смо́трите?
> 쉬또   븨   스모뜨리쩨
> 당신은 무엇을 봐요?

> Я смотрю́ ток-шо́у.
> 야   스마뜨류   뚝 쇼우
> 저는 토크쇼를 봐요.

대격

○ ток-шо́у [뚝 쇼우] 토크쇼를

○ спекта́кль [스뻭따끌] 연극, 공연을

○ матч [맛치] 경기를

○ му́льтики [물찌끼] 만화영화를

○ но́вости [노바스찌] 뉴스를

3분 문제로 확인해 보기

러시아어는 우리말로, 우리말은 러시아어로 바꿔 보세요!

1 Я смотрю́ фильм.　　　　▶ _____

2 Я смотрю́ ви́део.　　　　▶ _____

3 나는 연극을 봐.　　　　▶ _____

4 나는 경기를 시청해.　　　　▶ _____

20

나는 커피를 좋아해.

люби́ть로 좋아하는 것 말하기

초간단 개념 잡기

'좋아하다'라는 단어는 люби́ть예요. люби́ть 다음에는 대격 명사나 동사원형이 올 수 있어요. 대격 180p 참고

Я	люблю́	ко́фе
야	류블류	꼬폐
나는	좋아하다	커피를

입에서 바로 나오는 문장 말하기

 20-1

Я люблю́ кино́.
야 류블류 끼노

나는 영화를 좋아해.

Я люблю́ футбо́л.
야 류블류 풋볼

나는 축구를 좋아해.

Я люблю́ гото́вить.
야 류블류 가또빗쯔

나는 요리하는 걸 좋아해.

✓ 단어 체크

ко́фе 꼬폐 커피 / кино́ 끼노 영화 / футбо́л 풋볼 축구 / гото́вить 가또빗쯔 요리하다

3분 회화로 응용하기 🔊 20-2

'люби́ть+동사원형'을 이용해 여가 시간에 무엇을 하는 것을 좋아하는지 묻고 답해 보세요!

> Что вы лю́бите де́лать
> 쉬또   빅   류비쩨   졜랏쯔
> в свобо́дное вре́мя?
> 프   스바보드나예   브례먀
> 여가 시간에 뭐 하는 걸 좋아해요?

★ де́лать ~을 하다(do)
★ свобо́дное вре́мя 여가 시간

> Я люблю́ гуля́ть.
> 야   류블류   굴럇쯔
> 저는 산책하는 것을 좋아해요.

○ гуля́ть [굴럇쯔] 산책하다   ○ пить [삣쯔] 술을 마시다

○ чита́ть [치땃쯔] 읽다   ○ петь [뼷쯔] 노래하다

○ танцева́ть [딴쩨밧쯔] 춤추다

○ смотре́ть телеви́зор [스마뜨롓쯔 찔리비자르] TV를 보다

3분 문제로 확인해 보기

러시아어는 우리말로, 우리말은 러시아어로 바꿔 보세요!

1 Я люблю́ футбо́л. ▶ _____

2 Я люблю́ смотре́ть телеви́зор. ▶ _____

3 나는 요리하는 걸 좋아해. ▶ _____

4 나는 노래하는 걸 좋아해. ▶ _____

오늘의 **10분** 끝!

1 / 다음 빈칸에 알맞은 동사를 쓰세요.

1. Я [_____] письмó. 나는 편지를 써.

2. Я [_____] газéту. 나는 신문을 읽어.

3. Я [_____] готóвить. 나는 요리를 좋아해.

4. Я [_____] спектáкль. 나는 연극을 봐.

5. Я [_____] истóрию. 나는 역사를 공부해.

2 / 다음의 명사를 알맞은 형태로 쓰세요.

1. Вы читáете [_____] (веб-страни́ца)?
   당신은 웹페이지를 읽어요?

2. Вы лю́бите [_____] (кóфе)?
   당신은 커피를 좋아해요?

3. Вы пи́шете [_____] (статья́)?
   당신은 기사를 써요?

4. Вы смóтрите [_____] (матч)?
   당신은 경기를 봐요?

5. Вы изучáете [_____] (корéйский язы́к)?
   당신은 한국어를 공부해요?

3 / 'люби́ть+동사원형' 구문을 활용해 **보기** 와 같이 쓰세요.

Я *ча́сто смотрю́ ток-шо́у. 나는 토크쇼를 자주 봐.

→ Я <u>люблю́ смотре́ть</u> ток-шо́у. 나는 토크쇼 보는 것을 좋아해.

Я **ре́дко смотрю́ ток-шо́у. 나는 토크쇼를 거의 보지 않아.

→ Я <u>не люблю́ смотре́ть</u> ток-шо́у. 나는 토크쇼 보는 것을 좋아하지 않아.

★ ча́сто 자주   ★★ ре́дко 드물게, 거의 ~하지 않는다

1 Я ча́сто чита́ю стихи́. 나는 시를 자주 읽어.

→ _____

2 Я ре́дко пишу́ откры́тки. 나는 엽서를 거의 쓰지 않아.

→ _____

3 Я ча́сто смотрю́ телеви́зор. 나는 TV를 자주 봐.

→ _____

4 Я ре́дко чита́ю журна́лы. 나는 잡지를 거의 읽지 않아.

→ _____

정답

1 / 1 пишу́   2 чита́ю   3 люблю́   4 смотрю́   5 изуча́ю

2 / 1 веб-страни́цу   2 ко́фе   3 статью́   4 матч
5 коре́йский язы́к

3 / 1 Я люблю́ чита́ть стихи́. 나는 시를 읽는 것을 좋아해.
2 Я не люблю́ писа́ть откры́тки. 나는 엽서 쓰는 것을 좋아하지 않아.
3 Я люблю́ смотре́ть телеви́зор. 나는 TV 보는 것을 좋아해.
4 Я не люблю́ чита́ть журна́лы. 나는 잡지 읽는 것을 좋아하지 않아.

21 나는 수프를 먹어.

еСТЬ로 먹는 것 말하기

²분 초간단 개념 잡기

'먹다'라는 동사는 еСТЬ예요. еСТЬ 다음에 나오는 목적어는 대격으로 써야 해요.

대격 180p 참고

Я	ем	суп
야	옘	쑵
나는	먹다	수프를

²분 입에서 바로 나오는 문장 말하기

 21-1

Я ем мя́со.
야 옘 먀싸

나는 고기를 먹어.

Я ем торт.
야 옘 또르트

나는 케이크를 먹어.

Я ем фру́кты.
야 옘 프룩띠

나는 과일을 먹어.

✔ **단어 체크**

суп 쑵 수프, 국 / мя́со 먀싸 고기 / торт 또르트 케이크 / фру́кты 프룩띠 과일

3분 회화로 응용하기 🔊 21-2

무엇을 먹는지 묻고 답해 봐요! 무엇을 먹는지 대답할 때 대격으로 말해야 하는 거 아시죠?

> **Что вы еди́те?**
> 쉬또 븨 이지쩨
> 당신은 무엇을 먹나요?

> **Я ем о́вощи.**
> 야 옘 오바쉬
> 저는 채소를 먹어요.

대격
○ о́вощи [오바쉬] 채소를
○ хлеб [흘롑] 빵을
○ рис [리쓰] 쌀, 밥을
○ моро́женое [마로쥐나예] 아이스크림을
○ га́мбургер [감부르게르] 햄버거를
○ пи́ццу [삣쭈] 피자를

★ 참고
есть 동사는 다음과 같이 불규칙으로 변화해요.
я ем, ты ешь, он ест, мы еди́м, вы еди́те, они едя́т

3분 문제로 확인해 보기

러시아어는 우리말로, 우리말은 러시아어로 바꿔 보세요!

1 Я ем фру́кты. ▶ _____

2 Я ем о́вощи. ▶ _____

3 나는 아이스크림을 먹어. ▶ _____

4 나는 고기를 먹어. ▶ _____

오늘의 10분 끝!

22 나는 주스를 마셔.

пить로 마시는 것 말하기

'마시다'라는 동사는 пить예요. пить 다음에 나오는 목적어는 대격으로 써야 해요.

대격 180p 참고

Я	пью	сок
야	삐유	쏙
나는	마시다	주스를

2분 입에서 바로 나오는 문장 말하기 🔊 22-1

Я пью во́ду.
야 삐유 보두

나는 물을 마셔.

Я пью ко́фе.
야 삐유 꼬페

나는 커피를 마셔.

Я пью пи́во.
야 삐유 삐바

나는 맥주를 마셔.

✓ 단어 체크

сок 쏙 주스 / вода́ 바다 물 / ко́фе 꼬페 커피 / пи́во 삐바 맥주

회화로 응용하기 🎧 22-2

무엇을 마시는지 묻고 답해 봐요!

> Что вы пьёте?
> 쉬또 븨 삐요쩨
> 당신은 무엇을 마시나요?

> Я пью молоко́.
> 야 삐유 말라꼬
> 저는 우유를 마셔요.

대격

- молоко́ [말라꼬] 우유를
- чай [촤이] 차를
- вино́ [비노] 와인을
- во́дку [보트꾸] 보드카를
- ко́лу [꼴루] 콜라를
- лека́рство [리까르스뜨바] 약을

약은 '마시다'라는 동사와 같이 쓴다는 점 주의하세요!

문제로 확인해 보기

러시아어는 우리말로, 우리말은 러시아어로 바꿔 보세요!

1. Я пью чай. ▶

2. Я пью ко́фе. ▶

3. 나는 물을 마셔. ▶

4. 나는 약을 먹어. ▶

오늘의 10분 끝!

22 나는 주스를 마셔. **91**

23 나는 먹고 싶어. (배고파)

xoтéть로 원하는 것 말하기

 초간단 개념 잡기

'원하다'라는 동사는 xoтéть예요. xoтéть 다음에는 명사 또는 동사원형을 쓸 수 있어요.

Я	хочу́	есть
야	하츄	예스쯔
나는	원하다	먹다

 입에서 바로 나오는 문장 말하기 🔊 23-1

Я хочу́ спать.
야　하츄　스빳쯔

나는 자고 싶어. (졸려)

Я хочу́ ко́фе.
야　하츄　꼬페

나는 커피를 원해.

Я хочу́ шокола́да.
야　하츄　샤깔라다

나는 초콜릿을 원해.

✓ **단어 체크**

есть 예스쯔 먹다 / спать 스빳쯔 자다 / ко́фе 꼬페 커피 / шокола́д 샤깔랏 초콜릿

회화로 응용하기 23-2

상대방이 무엇을 원하는지 묻고, 내가 원하는 것은 무엇인지 자유롭게 말해 봐요!

> Вы хоти́те торт?
> 븨 하찌쩨 또르트
> 케이크를 원하나요?

> Да, я хочу́ торт.
> 다 야 하쥬 또르트
> 네, 저는 케이크를 원해요.

- торт [또르트] 케이크
- гуля́ть [굴럇쯔] 산책하다
- купа́ться [꾸빳짜] 수영하다
- купи́ть компью́тер [꾸삗쯔 깜쀼떼르] (완) 컴퓨터를 사다
- пое́хать в Росси́ю [빠예핫쯔 브 라씨유] (완) 러시아에 가다
- отдохну́ть [앗다흐눗쯔] (완) 쉬다
- вы́йти [븨잇찌] (완) 나가다

 문제로 확인해 보기

러시아어는 우리말로, 우리말은 러시아어로 바꿔 보세요!

1 Я хочу́ спать. ▸ _____

2 Я хочу́ торт. ▸ _____

3 나는 산책하고 싶어. ▸ _____

4 나는 러시아에 가고 싶어. ▸ _____

오늘의 10분 끝!

나는 요리를 할 줄 알아.

уме́ть로 할 수 있는 것 말하기

2분 초간단 개념 잡기

уме́ть는 '~을 할 줄 안다'라는 뜻으로 학습을 통해 습득한 능력이나 기술을 나타낼 때 쓰여요. уме́ть 다음에는 동사원형을 쓰면 된답니다.

Я	уме́ю	гото́вить
야	우몌유	가또빗쯔
나는	할 수 있다	요리하다

2분 입에서 바로 나오는 문장 말하기

  24-1

Я уме́ю пла́вать.
야 우몌유 쁠라밧쯔

나는 수영을 할 줄 알아.

Я уме́ю игра́ть на пиани́но.
야 우몌유 이그랏쯔 나 삐아니노

나는 피아노를 칠 줄 알아.

Я уме́ю игра́ть в те́ннис.
야 우몌유 이그랏쯔 프 떼니스

나는 테니스를 칠 줄 알아.

✓ 단어 체크

гото́вить 가또빗쯔 요리하다 / пла́вать 쁠라밧쯔 수영하다 / игра́ть 이그랏쯔 악기를 연주하다,
운동하다 / пиани́но 삐아니노 피아노 / те́ннис 떼니스 테니스

어떤 것을 할 수 있는지 묻고 답하는 대화를 해 봐요!

Вы умéете танцевáть?
비 우몌이쩨 딴찌바쯔
춤출 수 있으세요?

Да, я хорошó
다 야 하라쇼
умéю танцевáть.
우몌유 딴찌바쯔
네, 저는 춤을 잘 춰요.

- ○ танцевáть [딴찌바쯔] 춤추다   ○ петь [뻿츠] 노래하다
- ○ говори́ть по-рýсски [가바리쯔 빠루스끼] 러시아어를 말하다
- ○ катáться на лы́жах [까땃쨔 나 릐좌흐] 스키를 타다
- ○ катáться на велосипéде [까땃쨔 나 벨라씨뻬졔] 자전거를 타다

문제로 확인해 보기

러시아어는 우리말로, 우리말은 러시아어로 바꿔 보세요!

1 Я умéю плáвать. ▶ _____

2 Я хорошó умéю петь. ▶ _____

3 나는 피아노를 칠 수 있어. ▶ _____

4 나는 춤을 잘 춰. ▶ _____

오늘의 10분 끝!

25 내가 도와줄 수 있어.

мочь로 할 수 있는 것 말하기

2분 초간단 개념 잡기

영어의 can과 같은 '할 수 있다'라는 동사는 мочь예요. 앞서 배운 уметь와 달리 '상황이나 여건에 따라 가능하다'라는 의미예요. мочь 다음에는 동사원형을 써요.

Я	могу́	помо́чь
야	마구	빠모취
나는	할 수 있다	도와주다

2분 입에서 바로 나오는 문장 말하기

  🎧 25-1

Я могу́ прийти́.
야　마구　쁘리잇찌

나는 올 수 있어.

Я могу́ подожда́ть.
야　마구　빠다줘닷쯔

나는 기다릴 수 있어.

Я могу́ войти́?
야　마구　바잇찌

내가 들어가도 되니?

✓ **단어 체크**

помо́чь 빠모취 (완) 도와주다 / прийти́ 쁘리잇찌 (완) 오다 / подожда́ть 빠다줘닷쯔 (완) 기다리다 / войти́ 바잇찌 (완) 들어가다

③분 회화로 응용하기

мочь 동사를 활용해 부탁과 부탁을 거절하는 표현을 연습해 봐요. 부탁을 할 때는 'вы мóжете ~?'라고 물어보면 돼요.

Вы мóжете позвони́ть?
빅   모쮀쩨   빠즈바니쯔
전화해 주실 수 있나요?

Извини́те, я не могу́.
이즈비니쩨   야 니   마구
죄송하지만, 할 수 없어요.

○ позвони́ть [빠즈바니쯔] (완) 전화하다

○ пригото́вить у́жин [쁘리가또빗쯔 우쥔] (완) 저녁식사를 준비하다

○ дать свой но́мер [닷쯔 쓰보이 노메르] (완) (전화)번호를 알려주다

○ поговори́ть со мной [빠가바리쯔 싸 므노이] (완) 나와 이야기하다

○ откры́ть дверь [앗끄릿쯔 드베리] (완) 문을 열다

○ закры́ть окно́ [자끄릿쯔 아끄노] (완) 창문을 닫다

③분 문제로 확인해 보기

러시아어는 우리말로, 우리말은 러시아어로 바꿔 보세요!

1 Я могу́ дать свой но́мер. ▶ _____

2 Я не могу́ прийти́. ▶ _____

3 내가 도와줄 수 있어. ▶ _____

4 내가 저녁식사를 준비할 수 있어. ▶ _____

오늘의 **10분** 끝!

1/ 다음 빈칸에 알맞은 동사를 쓰세요.

1. Я [ ] хлеб. 나는 빵을 먹어.

2. Я [ ] чай. 나는 차를 마셔.

3. Я [ ] кóфе. 나는 커피를 원해.

4. Я [ ] говори́ть по-ру́сски. 나는 러시아어를 할 줄 알아.

5. Я [ ] помо́чь вам. 나는 당신을 도와줄 수 있어.

2/ 다음 보기 에서 есть, пить의 목적어가 될 수 있는 명사를 각각 골라 알맞은 형태로 변화시켜 보세요. 명사의 뜻도 함께 쓰세요.

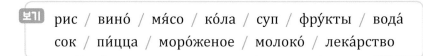

보기 рис / вино́ / мя́со / кóла / суп / фру́кты / вода́
сок / пи́цца / моро́женое / молоко́ / лека́рство

Я ем	Я пью
예 рис 쌀, 밥	예 вино́ 와인

3 주어진 문장 다음에 올 수 있는 적절한 문장을 찾아 연결하세요.

1 Я не уме́ю говори́ть •
   по-ру́сски.

2 Мне хо́лодно.   •

3 Сего́дня жа́рко.   •

4 Я ⃰уста́л(a).   •
   ⃰ устал 피곤하다

5 Я хочу́ есть.   •

• а) Я хочу́ купа́ться.

• б) Вы мо́жете закры́ть
     окно́?

• в) Вы мо́жете
     пригото́вить у́жин?

• г) Вы мо́жете говори́ть
     по-англи́йски?

• д) Я хочу́ спать.

4 다음 대화의 빈칸에 알맞은 대답을 고르세요.

> А: Вы мо́жете подожда́ть? (당신은) 기다려 주실 수 있나요?
> Б: _____

а) Да, вы мо́жете.   б) Спаси́бо большо́е!

в) Извини́те, я не могу́.   г) Что вы еди́те?

정답

1 1 ем   2 пью   3 хочу́   4 уме́ю   5 могу́

2 Я ем + мя́со(고기), суп(수프), фру́кты(과일), пи́ццу(피자), моро́женое(아이스크림)
      Я пью + ко́лу(콜라), во́ду(물), сок(주스), молоко́(우유), лека́рство(약)

3 1 г) (저는 러시아어를 할 줄 몰라요. – 영어로 말씀해 주실 수 있나요?)   2 б) (저는 추워요. – 창문을 닫아주실 수 있나요?)
      3 а) (오늘은 날이 더워요. – 저는 수영하고 싶어요.)   4 д) (저는 피곤해요. – 저는 자고 싶어요.)
      5 в) (저는 먹고 싶어요(배고파요). – 저녁식사를 준비해 주실 수 있나요?)

4 в) 죄송하지만, (그렇게) 할 수 없어요.

러시아의 대표적인 음식

✿ 보드카 *Водка*

한국인에게 소주가 있다면, 러시아인에게는 보드카가 있어요. 애주가인 러시아인들은 보드카를 냉동실에 넣어 뒀다가 약간 걸쭉한 상태로 마시는 것을 좋아한답니다.

✿ 흑빵 *Чёрный хлеб*

러시아에 가면 꼭 먹게 되는 빵이죠. 처음에는 시큼하고 맹맹한데 이거 왜 먹지? 하지만, 치즈, 햄, 이크라, 살로(절인 비계) 등을 올려서 먹다 보면 어느새 익숙해지고 맛있어요. 나중에 러시아를 떠나와도 문득 생각나는 맛이랍니다.

✿ 블린 *Блины*

우유, 버터, 계란, 밀가루를 반죽해 얇게 부쳐낸 러시아식 펜케이크로 크레페랑 비슷해요. 러시아에서 아주 대중적으로 먹는 음식인데, 블린에 고기, 감자, 버섯을 넣으면 든든한 식사가 되고, 연유, 초콜렛을 곁들여 먹으면 훌륭한 디저트가 돼요.

보르시 *Борщ*

비트라는 빨간무로 끓이는 빨간 빛깔 수프입니다. 색은 빨갛지만 전혀 맵지 않아요! 고기, 당근, 감자, 양배추가 들어가서 영양도 좋고 맛도 익숙해서 외국인도 좋아하죠. 대신, 수프에 러시아식 사워크림인 '스메타나'를 한 스푼 올려 먹는다는 것이 좀 특이해요.

크바스 *Квас*

호밀을 발효시켜 만든 러시아 전통음료예요. 길거리에서도 볼 수 있고, 마트나 식당에서도 팔아요. 맛은 김빠진 맥주랑 비슷해요.

올리비예 샐러드 *Оливье́*

샐러드를 먹고 싶은데 무난한 것을 원한다면 올리비예 샐러드가 최적이에요. 감자, 계란, 햄, 오이에 마요네즈를 버무린 샐러드인데, 우리나라 감자샐러드와 비슷해요.

РАЗДЕЛ 04

장소를 표현해 봐요!

26

나는 집에 있어.

전치사 в/на로 내가 있는 장소 말하기

2분 초간단 개념 잡기

주어 다음에 동사 없이 바로 '장소를 나타내는 부사' 또는 'в/на + 장소(전치격)'를 쓰면 '~에 있다'라고 말할 수 있어요. 대부분의 장소는 в를 쓰고, 열린 장소 또는 사건(event) 을 뜻하는 경우에는 на를 쓰는 경우가 많아요. 전치격 182p 참고

| Я | дóма |

야   도마

나는   집에

2분 입에서 바로 나오는 문장 말하기

 26-1

Я здесь.
야   즈졔쓰

나는 여기 있어.

Я в кафé.
야   프   까페

나는 카페에 있어.

Я на концéрте.
야   나   깐쪠르쪠

나는 콘서트에 있어.

✓ 단어 체크

дóма 도마 집에 / здесь 즈졔쓰 여기에 / кафé 까페 카페 / концéрт 깐쪠르뜨 콘서트

장소를 묻고 답하는 대화를 해 보세요!

Где вы?
그제 빅
어디예요?

Я в рестора́не.
야 브 례스따라녜
저는 레스토랑에 있어요.

전치격

○ в рестора́не [브 례스따라녜] 레스토랑에

○ в университе́те [브 우니베르시쩨쩨] 대학교에

○ в теа́тре [프 찌아뜨례] 극장에

○ на мо́ре [나 모례] 바닷가에

○ на бале́те [나 발례쩨] 발레 공연에

○ на уро́ке [나 우로께] 수업에

3분 문제로 확인해 보기

러시아어는 우리말로, 우리말은 러시아어로 바꿔 보세요!

1 Я на мо́ре. ▶ _____

2 Я в кафе́. ▶ _____

3 나는 집에 있어. ▶ _____

4 나는 콘서트에 있어. ▶ _____

오늘의 **10분** 끝!

오늘의 **10분** 시작!

27 화장실이 어디에 있어?

где находится로 위치 물어보기

2분 초간단 개념 잡기

'위치하다'라는 단어는 находи́ться예요. '어디에'를 뜻하는 의문사 где와 함께 'где
нахо́дится + 장소(주격)'을 사용하면 '~은 어디에 있어?'라고 질문할 수 있어요.

Где	**нахо́дится**	**туале́т** ?
그졔	나호짓쨔	뚜알롓
어디에	위치하다	화장실이

2분 입에서 바로 나오는 문장 말하기

 27-1

Где нахо́дится ка́сса?
그졔 나호짓쨔 까싸

매표소가 어디에 있어?

Где нахо́дится кафе́?
그졔 나호짓쨔 까페

카페가 어디에 있어?

Где нахо́дится магази́н?
그졔 나호짓쨔 마가진

상점이 어디에 있어?

✓ **단어 체크**

туале́т 뚜알롓 화장실 / ка́сса 까싸 매표소 / кафе́ 까페 카페 / магази́н 마가진 상점

회화로 응용하기

낯선 곳에서 목적지의 위치를 물어볼 경우가 많죠? 위치를 묻고 답해 보세요.

Где нахо́дится ста́нция метро́?
그졔   나호짓쨔   스딴찌야   미뜨로
지하철역이 어디에 있어요?

Вот тут.
봇   뜻
여기 있어요.

Вон там.
본   땀
저기 있어요.

○ ста́нция метро́ [스딴찌야 미뜨로] 지하철역

○ университе́т [우니베르시쩻] 대학교

○ шко́ла [쉬꼴라] 학교

○ музе́й [무졔이] 박물관

○ рестора́н [레스따란] 레스토랑

○ банк [방크] 은행

문제로 확인해 보기

러시아어는 우리말로, 우리말은 러시아어로 바꿔 보세요!

1 Где нахо́дится магази́н?   ▶ _____

2 Где нахо́дится ста́нция метро́?   ▶ _____

3 매표소가 어디에 있어?   ▶ _____

4 대학교가 어디에 있어?   ▶ _____

오늘의 **10분** 끝!

나는 서울에 살아.

28

жить로 사는 곳 말하기

2분 초간단 개념 잡기

'살다'라는 단어는 **жить**예요. **жить** 동사 다음에 'в/на + 전치격'을 사용해 내가 살고 있는 장소를 표현해 봐요. 전치격 182p 참고

Я	живу́	в Се́уле
야	쥐부	프 씨울례
나는	살다	서울에

2분 입에서 바로 나오는 문장 말하기

 28-1

Я живу́ в Ю́жной Коре́е.
야　쥐부　브　유쥐나이　까레예

나는 한국에 살아.

Я живу́ в Росси́и.
야　쥐부　브　라씨

나는 러시아에 살아.

Я живу́ в Москве́.
야　쥐부　브　마스끄볘

나는 모스크바에 살아.

✓ 단어 체크

Се́ул 씨울 서울 / Ю́жная Коре́я 유쥐나야 까례야 한국 / Росси́я 라씨야 러시아 /
Москва́ 마스끄바 모스크바

회화로 응용하기 28-2

사는 곳을 서로 묻고 답해 보세요.

Где вы живёте?
그졔 빅 쥐뵤쪠
어디에 사세요?

Я живу́ в Пуса́не.
야 쥐부 뿌싸녜
저는 부산에 살아요.

전치격

○ в Пуса́не [뿌싸녜] 부산에

○ во Владивосто́ке [바 블라지바스또꼐] 블라디보스토크에

○ в Аме́рике [브 아몌리꼐] 미국에

○ в дере́вне [브 제례브녜] 시골에

○ в общежи́тии [브 압쉐쥐찌] 기숙사에

 문제로 확인해 보기

러시아어는 우리말로, 우리말은 러시아어로 바꿔 보세요!

1 Я живу́ в Сеу́ле. ▶ _____

2 Я живу́ в дере́вне. ▶ _____

3 나는 기숙사에 살아. ▶ _____

4 나는 한국에 살아. ▶ _____

오늘의 **10분** 끝!

29

나는 회사에서 일해.

работать로 일하는 곳 말하기

2분 초간단 개념 잡기

'일하다'라는 동사는 работать예요. 동사 다음에 'в/на + 전치격'을 사용해 내가 일하고 있는 장소를 표현해 봐요. 전치격 182p 참고

Я	работаю	в фи́рме
야	라보따유	프 피르몌
나는	일하다	회사에서

2분 입에서 바로 나오는 문장 말하기

 🎧 29-1

Я рабо́таю на заво́де.
야 　 라보따유 　 나 　 자보졔

나는 공장에서 일해.

Я рабо́таю в рестора́не.
야 　 라보따유 　 브 　 례스따라녜

나는 레스토랑에서 일해.

Я рабо́таю в шко́ле.
야 　 라보따유 　 프 　 쉬꼴례

나는 (초·중·고) 학교에서 일해.

✔ 단어 체크

фи́рма 피르마 회사 / заво́д 자봇 공장 / рестора́н 례스따란 레스토랑 /
шко́ла 쉬꼴라 (초·중·고) 학교

회화로 응용하기 29-2

어디에서 일하는지 묻고 답해 보세요.

> Где вы рабо́таете?
> 그졔 비 라보따이쩨
> 어디에서 일해요?

> Я рабо́таю в ба́нке.
> 야 라보따유 브 반께
> 저는 은행에서 일해요.

전치격
- в ба́нке [브 반께] 은행에서
- в больни́це [브 발니쩨] 병원에서
- в апте́ке [브 압쩨께] 약국에서
- в музе́е [브 무졔예] 박물관에서
- на по́чте [나 뽀취쩨] 우체국에서
- в универма́ге [브 우니베르마게] 백화점에서

문제로 확인해 보기

러시아어는 우리말로, 우리말은 러시아어로 바꿔 보세요!

1 Я рабо́таю на заво́де. ▶ _____

2 Я рабо́таю в больни́це. ▶ _____

3 나는 은행에서 일해. ▶ _____

4 나는 레스토랑에서 일해. ▶ _____

오늘의 10분 끝!

29 나는 회사에서 일해. 111

30 나는 대학교에 다녀.

учи́ться로 어디에서 공부하는지 말하기

2분 초간단 개념 잡기

учи́ться는 '(~에 소속되어/~에서) 공부하다'라는 뜻이에요. 동사 뒤에 'в/на + 전치격'을 사용해 내가 어디에서 공부하고 있는지 표현해 봐요. 전치격 182p 참고

Я	учу́сь	в университе́те
야	우츄쓰	브 우니베르시쩨쩨
나는	공부하다	대학교에서

2분 입에서 바로 나오는 문장 말하기   🔊 30-1

Я учу́сь в шко́ле.
야 우츄쓰 프 쉬꼴례

나는 (초·중·고) 학교에 다녀.

Я учу́сь на филологи́ческом
야 우츄쓰 나 필랄라기체스깜

факульте́те.
파꿀쩨쩨

나는 어문학부에서 공부해.

Я учу́сь в Росси́и.
야 우츄쓰 브 라씨

나는 러시아에서 공부해.

✓ 단어 체크

университе́т 우니베르씨쩻 대학교 / шко́ла 쉬꼴라 (초·중·고) 학교 / филологи́ческий
факульте́т 필랄라기체스끼 파꿀쩻 어문학부 / Росси́я 라씨야 러시아

3분 회화로 응용하기 🎧 30-2

어디에서 공부하는지 서로 묻고 답해 보세요.

Где вы у́читесь?
그졔 빅 우치쩨쓰
어디에서 공부하세요?

Я учу́сь в аспиранту́ре.
야 우추쓰 브 아스삐란뚜례
저는 대학원에 다녀요.
(대학원에서 공부해요.)

전치격

○ в аспиранту́ре [브 아스삐란뚜례] 대학원에서

○ на пе́рвом ку́рсе [나 뻬르밤 꾸르쎄] 대학교 1학년에

○ в Коре́е [프 까례예] 한국에서

○ в Москве́ [브 마스끄베] 모스크바에서

○ за грани́цей [자 그라니쩨이] 외국에서

3분 문제로 확인해 보기

러시아어는 우리말로, 우리말은 러시아어로 바꿔 보세요!

1 Я учу́сь в университе́те. ▷ _____

2 Я учу́сь за грани́цей. ▷ _____

3 나는 (초·중·고) 학교를 다녀. ▷ _____

4 나는 대학교 1학년이야. ▷ _____

오늘의 **10분** 끝!

1 учу́сь, рабо́таю, живу́와 보기 의 어구를 활용해 문장을 완성하세요.

> **보기** в шко́ле / в библиоте́ке / в университе́те / на бале́те
> в Коре́е / до́ма / в ба́нке / в больни́це / в кафе́

> Я по́вар. Я _____ ___ _____ . 나는 요리사야.
> → Я **рабо́таю в рестора́не.** 나는 레스토랑에서 일해.

1 Я студе́нт. Я _____ ___ _____ .

나는 대학생이야. 나는 대학교에 다녀.

2 Я банки́р. Я _____ ___ _____ .

나는 은행원이야. 나는 은행에서 일해.

3 Я коре́янка. Я _____ ___ _____ .

나는 한국 사람이야. 한국에 살아.

4 Я шко́льник. Я _____ ___ _____ .

나는 (초·중·고) 학생이야. 나는 학교에 다녀.

5 Я врач. Я _____ ___ _____ .

나는 의사야. 나는 병원에서 일해.

2 전치사 в와 на 중 알맞은 것을 쓰세요.

1 Я [   ] конце́рте. 나는 콘서트에 있어.

2 Я [   ] кафе́. 나는 카페에 있어.

3 Вы [   ] заво́де? 당신은 공장에 있어요?

4 Вы [   ] Москве́? 당신은 모스크바에 있어요?

3／ 주어진 명사를 전치격으로 변화시켜 뜻에 맞게 쓰세요.

　１　Я учу́сь на пе́рвом ＿＿＿＿＿(курс). 나는 대학교 /학년이야.

　２　Я живу́ в ＿＿＿＿＿＿(общежи́тие). 나는 기숙사에 살아.

　３　Я рабо́таю в ＿＿＿＿＿(Росси́я). 나는 러시아에서 일해.

4／ 다음 빈칸에 공통으로 들어갈 의문사는 무엇일까요?

　１　А: ［　　　　　］ вы?

　　　Б: Я до́ма.

　２　А: ［　　　　　］ нахо́дится ста́нция метро́?

　　　Б: Вот тут.

정답

1／　１ учу́сь в университе́те.　　２ рабо́таю в ба́нке.
　　　３ живу́ в Коре́е.　　　　　　４ учу́сь в шко́ле.
　　　５ рабо́таю в больни́це.

2／　１ на　　　２ в　　　３ на　　　４ в

3／　１ ку́рсе　　２ общежи́тии　　３ Росси́и

4／　１ Где

오늘의 10분 시작!

31 나는 축구를 해.

играть로 내가 하는 운동 말하기

2분 초간단 개념 잡기

'운동이나 게임을 하다'라는 의미의 동사는 играть(play)예요. играть 다음에는 'в+대격'을 써요. 대격 180p 참고

Я	играю	в футбо́л
야	이그라유	프 풋볼
나는	하다	축구를

2분 입에서 바로 나오는 문장 말하기   31-1

Я игра́ю в гольф.
야 이그라유 브 골프

나는 골프를 쳐.

Я игра́ю в те́ннис.
야 이그라유 프 떼니스

나는 테니스를 쳐.

Я игра́ю в компью́терные и́гры.
야 이그라유 프 깜쀼떼르니예 이그릐

나는 컴퓨터 게임을 해.

✔단어 체크

футбо́л 풋볼 축구 / гольф 골프 골프 / те́ннис 떼니스 테니스 /
компью́терные и́гры 깜쀼떼르니예 이그릐 컴퓨터 게임

3분 회화로 응용하기 🎧 31-2

매일 무엇을 하는지 말해 보세요.

Я игра́ю в баскетбо́л ⭐ка́ждый день.
야 이그라유 브 바스껫볼 까쥐디 곈
저는 농구를 매일 해요.

⭐ ка́ждый день 매일

대격
○ баскетбо́л [바스껫볼] 농구
○ бадминто́н [바드민똔] 배드민턴
○ хокке́й [하꼐이] 하키
○ ша́хматы [샤흐마띠] 체스
○ бейсбо́л [베이즈볼] 야구
○ билья́рд [빌리야르트] 당구

3분 문제로 확인해 보기

러시아어는 우리말로, 우리말은 러시아어로 바꿔 보세요!

1 Я игра́ю в хокке́й. ▶ _____

2 Я не игра́ю в ша́хматы. ▶ _____

3 나는 컴퓨터 게임을 해. ▶ _____

4 나는 골프를 쳐. ▶ _____

오늘의 10분 끝!

31 나는 축구를 해. **117**

32 나는 피아노를 쳐.

играть로 내가 연주하는 악기 말하기

2분 초간단 개념 잡기

앞서 배운 **играть**는 '악기 연주를 하다'라는 뜻으로도 쓰여요. 이 경우에는 **играть** 다음에 '**на** + 전치격'을 사용해요. 전치격은 보통 어미가 -e로 끝나는 것 기억하시죠?

전치격 182p 참고

Я	игра́ю	на пиани́но
야	이그라유	나 삐아니나
나는	연주하다	피아노

2분 입에서 바로 나오는 문장 말하기

 32-1

Я игра́ю на гита́ре.
야　이그라유　나　기따례

나는 기타를 쳐.

Я игра́ю на фле́йте.
야　이그라유　나　플례이쩨

나는 플루트를 연주해.

Я игра́ю на скри́пке.
야　이그라유　나　스끄립꼐

나는 바이올린을 켜.

> пиани́но는 불변 명사로 격변화를 하지 않아요.

✓ 단어 체크

пиани́но 삐아니나 피아노 / гита́ра 기따라 기타 / фле́йта 플례이따 플루트 /
скри́пка 스끄립까 바이올린

무슨 악기를 다룰 수 있는지 묻고 대답해 보세요.

Вы умéете игрáть
비   우몌이쩨   이그랏쯔
на электрогитáре?
나   엘렉뜨라기따례
당신은 전자기타를 연주할 수 있어요?

Да, я игрáю
다 야 이그라유
на электрогитáре.
나   엘렉뜨라기따례
네, 저는 전자기타를 연주해요.

전치격

○ электрогитáре [엘렉뜨라기따례] 전자기타   ○ укулéле [우꿀렐레] 우쿨렐레

○ фортепиáно [파르떼삐아나] 피아노 포르테(피아노)   ○ саксофóне [싹쏘포네] 색소폰

○ кларнéте [클라르네쩨] 클라리넷   ○ барабáнах [바라바나흐] 드럼

러시아어는 우리말로, 우리말은 러시아어로 바꿔 보세요!

1 Я игрáю на кларнéте. ▸ _____

2 Я не игрáю на скрипке. ▸ _____

3 나는 피아노를 쳐. ▸ _____

4 나는 기타를 쳐. ▸ _____

오늘의 10분 끝!

나는 집에 가.

идти로 가고 있는 곳 말하기

33

초간단 개념 잡기

'걸어서 가다'라는 동사는 идти예요. идти 다음에는 방향을 나타내는 부사나 'в/на + 대격'이 나올 수 있어요. 대격 180p 참고

Я	иду́	домо́й
야	이두	다모이
나는	가다	집으로

입에서 바로 나오는 문장 말하기 🔊 33-1

Я иду́ напра́во / нале́во.
야 이두 나쁘라바 날례바

나는 오른쪽/왼쪽으로 가.

Я иду́ в университе́т.
야 이두 브 우니베르시쪗

나는 학교에 가.

Я иду́ в магази́н.
야 이두 브 마가진

나는 가게에 가.

✓ 단어 체크

домо́й 다모이 집으로 / напра́во 나쁘라바 오른쪽으로 / нале́во 날례바 왼쪽으로 /
университе́т 우니베르시쪗 대학교 / магази́н 마가진 가게

어디로 가는지 묻고 답해 봐요.

> **Куда́ вы идёте?**
> 꾸다   븨   이죠쩨
> 어디 가요?

> **Я иду́ в кафе́.**
> 야   이두   프   카페
> 저는 카페로 가요.

대격

○ **в кафе́** [프 카페] 카페로

○ **на конце́рт** [나 깐쩨르뜨] 콘서트로

○ **в теа́тр** [프 찌아뜨르] 극장으로

○ **на уро́к** [나 우록] 수업으로

○ **в шко́лу** [프 쉬꼴루] (초·중·고) 학교로

○ **на рабо́ту** [나 라보뚜] 직장으로

3분 문제로 확인해 보기

러시아어는 우리말로, 우리말은 러시아어로 바꿔 보세요!

1 Я иду́ на рабо́ту. ▶ _____

2 Я иду́ напра́во. ▶ _____

3 나는 대학교에 가. ▶ _____

4 나는 콘서트에 가. ▶ _____

오늘의 10분 끝!

나는 지하철을 타고 가.

*éхать*로 이용하는 교통수단 말하기

2분 초간단 개념 잡기

'(교통수단을 타고) 가다'라는 의미의 동사는 *éхать*예요. 어떤 교통수단을 타고 가는지 나타내고 싶을 때에는 '**на** + 전치격'을 쓰면 돼요. 전치격 182p 참고

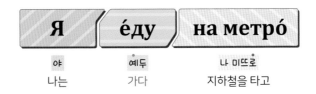

Я	éду	на метро́
야	예두	나 미뜨로
나는	가다	지하철을 타고

2분 입에서 바로 나오는 문장 말하기

 🔊 34-1

Я *éду* на авто́бусе.
야 예두 나   압또부쎼

나는 버스를 타고 가.

Я *éду* на такси́.
야 예두 나   딱씨

나는 택시를 타고 가.

Я *éду* на маши́не.
야 예두 나   마쉬녜

나는 자동차를 타고 가.

✔ **단어 체크**

метро́ 미뜨로 지하철 / авто́бус 압또부쓰 버스 / такси́ 딱씨 택시 / маши́на 마쉬나 자동차

  метро́와 такси́는 불변 명사로 격변화를 하지 않아요.

회화로 응용하기

🔊 34-2

무엇을 타고 가는지 묻고 답해 봐요.

> **На чём вы éдете?**
> 나 촘 븨 예지쩨
> 뭘 타고 가요?

> **Я éду на велосипéде.**
> 야 예두 나 벨라시뼤졔
> 저는 자전거를 타고 가요.

전치격

○ **на велосипéде** [나 벨라시뼤졔] 자전거를 타고

○ **на мотоцúкле** [나 마따찌끌례] 오토바이를 타고

○ **на пóезде** [나 뽀예즈졔] 기차를 타고

○ **на трамвáе** [나 뜨람바예] 트램을 타고

 문제로 확인해 보기

러시아어는 우리말로, 우리말은 러시아어로 바꿔 보세요!

1 Я éду на велосипéде. ▶ _____

2 Я éду на автóбусе. ▶ _____

3 나는 택시를 타고 가. ▶ _____

4 나는 기차를 타고 가. ▶ _____

오늘의 10분 끝!

34 나는 지하철을 타고 가. **123**

35

극장에 가자.

давáйте로 제안하기

2분 초간단 개념 잡기

영어의 let's처럼 '~을 하자'라는 의미의 청유형을 표현할 때에는 давáйте를 써요.
давáйте는 다양한 동사와 쓸 수 있지만, 우선 '~에 가자'라는 표현을 익혀 보도록 해요.
давáйте пойдём 다음에 'в/на + 대격'을 쓰면 돼요. 대격 180p 참고

Давáйте / **пойдём** / **в теáтр**

다바이쩨 / 빠이죰 / 프 찌아뜨르
~하자 / 가다 / 극장으로

2분 입에서 바로 나오는 문장 말하기

🔊 35-1

Давáйте пойдём в парк.
다바이쩨 빠이죰 프 빠르크

공원에 가자.

Давáйте пойдём в музéй.
다바이쩨 빠이죰 브 무졔이

박물관에 가자.

Давáйте пойдём в цирк.
다바이쩨 빠이죰 프 찌르크

서커스에 가자.

✓ **단어 체크**

теáтр 찌아뜨르 극장 / парк 빠르크 공원 / музéй 무졔이 박물관 / цирк 찌르크 서커스

가고 싶은 곳을 제안하는 표현을 해 보세요.

> Дава́йте пойдём в кино́.
> 다바이쩨 빠이좀 프 끼노
> (우리) 영화관에 가요.

> Пойдёмте!
> 빠이좀 쩨
> 네, 가요.

> Извини́те, я не могу́.
> 이즈비니쩨 야 니 마구
> 죄송하지만, 못 가요.

대격

○ в кино́ [프 끼노] 영화관으로

○ в магази́н [브 마가진] 가게로

○ в зоопа́рк [브 자아빠르크] 동물원으로

○ в клуб [프 끌룹] 클럽으로

○ в рестора́н [브 레스따란] 레스토랑으로

○ в библиоте́ку [비블리아쩨꾸] 도서관으로

러시아어는 우리말로, 우리말은 러시아어로 바꿔 보세요!

1 Дава́йте пойдём в музе́й. ▶ _____

2 Дава́йте пойдём в цирк. ▶ _____

3 동물원에 가자. ▶ _____

4 가게에 가자. ▶ _____

> **오늘의 10분 끝!**

1, 다음 빈칸에 적절한 동사를 알맞은 형태로 쓰세요.

1 Я _____ в баскетбо́л. 나는 농구를 해.

2 Я _____ домо́й. 나는 집에 가.

3 _____ пойдём в кино́! 영화관에 가자.

4 Я _____ в пиани́но. 나는 피아노를 연주해.

5 Я _____ на метро́. 나는 지하철을 타고 가.

2, 다음 그림이 나타내는 단어를 쓰고, 강세를 표시하세요.

1

→ _____

2

→ _____

3

→ _____

4

→ _____

3/ 다음 빈칸에 알맞은 전치사를 쓰세요.

1 Я игра́ю _____ те́ннис. 나는 테니스를 쳐.

2 Я игра́ю _____ гита́ре. 나는 기타를 쳐.

3 Я иду́ _____ рабо́ту. 나는 직장에 가.

4 Я е́ду домо́й _____ такси́. 나는 택시를 타고 집에 가.

5 Дава́йте пойдём _____ парк. 공원에 가자.

4/ 다음 질문에 들어갈 의문사를 알맞은 형태로 쓰세요.

1 _____ вы идёте? 어디 가?

2 _____ вы е́дете? 무엇을 타고 가?

성 바실리 성당과 바이칼 전설

✿ 성 바실리성당에 얽힌 이야기

혹시 테트리스 화면에서 많이 보던 양파모양 지붕의 성당이 모스크바에 있다는 것을 아시나요? 아마 이름은 몰랐어도 한 번쯤 본 기억이 있을 거예요.

바실리성당은 러시아의 무서운 황제였던 이반 뇌제가 당대 최고의 건축가를 불러 지은 성당이에요. 황제는 완성된 바실리성당이 너무나 마음에 들었어요.

보통의 상식이라면 건축가에게 상을 내리겠지만, 이반 뇌제는 완성된 성당이 너무 마음에 든 나머지 다시는 똑같은 건물을 짓지 못하도록 건축가를 장님으로 만들어 버렸대요.

믿거나 말거나 하는 전설이지만 그런 얘기가 아직도 전해져 오는 것은 바실리성당이 그만큼 아름답다는 뜻이겠죠?

✵ 바이칼호수의 전설

러시아 시베리아의 거대한 호수 바이칼을 아시나요?

바이칼호는 세계에서 가장 크고 깊고 오래 된 호수입니다. 실제로 가보면 바다 같다는 생각이 들 정도로 광활해요.

호수의 수심은 약 1,600m라고 하는데 보통 100층 건물의 높이가 500m 정도라고 하니, 얼마나 깊은지 짐작이 가시나요?

이렇게 깊고 큰 바이칼호에는 대체 무엇이 살까요? 물속에는 철갑상어, 물범 등 다양하고 독특한 생물이 많이 살고 있는데, 그 중에 괴물도 있다는 흉흉한 소문이 있어요. 목격담도 많았고요.

하지만 실제로는 바이칼호에 괴물은 없다고 해요. 대신, 호수에 몸을 담그면 십 년이 젊어진다는 전설이 있으니 두려움을 떨치고 가볍게 손 한 번 담가 보는 건 어떨까요?

РАЗДЕЛ
05

자주 쓰는 표현을
익혀봐요!

36

나는 집에 가야 해.

Há́до로 해야 하는 것 말하기

2분 초간단 개념 잡기

'해야 한다'라는 단어는 надо예요. '나는 ~해야 해'라고 말할 때 'мне(я의 여격, 나에게) + надо + 동사원형'을 쓰면 돼요.

Мне	на́до	идти́ домо́й
므녜	나다	잇찌 다모이
나에게	해야 하다	가다 집으로

2분 입에서 바로 나오는 문장 말하기

🔊 36-1

Мне на́до поду́мать.
므녜 나다 빠두맛쯔

나는 생각해 봐야 해.

Мне на́до занима́ться спо́ртом.
므녜 나다 자니맛짜 스뽀르땀

나는 운동을 해야 해.

Мне на́до отдохну́ть.
므녜 나다 앗다흐눗쯔

나는 쉬어야 해.

✓ 단어 체크

идти́ домо́й 잇찌 다모이 집에 가다 / поду́мать 빠두맛쯔 (완) 생각하다 /

занима́ться спо́ртом 자니맛짜 스뽀르땀 운동하다 / отдохну́ть 앗다흐눗쯔 (완) 쉬다

3분 회화로 응용하기

 36-2

무엇이 필요한지 묻고 답해 보세요.

> Что вам на́до?
> 쉬또 밤 나다
> 무엇이 필요해요?

> Мне на́до пое́сть.
> 므녜 나다 빠예스쯔
> 저는 먹어야 해요.

○ пое́сть [빠예스쯔] (완) 먹다

○ вы́йти [븨잇찌] 나가다

○ поспа́ть [빠스빠쯔] (완) 자다

○ позвони́ть [빠즈바닛쯔] (완) 전화하다

○ пойти́ в туале́т [빠잇찌 프뚜알롓]
  (완) 화장실에 가다

3분 문제로 확인해 보기

러시아어는 우리말로, 우리말은 러시아어로 바꿔 보세요!

1 Мне на́до идти́ домо́й. ▶ _____

2 Мне на́до вы́йти. ▶ _____

3 나는 화장실에 가야 해. ▶ _____

4 나는 쉬어야 해. ▶ _____

오늘의 10분 끝!

36 나는 집에 가야 해.   133

37

나는 컴퓨터가 필요해.

нýжен으로 필요한 것 말하기

초간단 개념 잡기

'필요하다'라는 단어는 нýжен이에요. '나에게 ~이 필요하다'라고 말할 때는 'мне(я의 여격, 나에게) + нýжен + 명사(주격)'을 써요. 한 가지 주의할 점은 нýжен은 함께 쓰이는 주격 명사의 성과 수에 따라 형태가 변한다는 거예요. 'нýжен + 남성', 'нужнá + 여성', 'нýжно + 중성', 'нужны́ + 복수'와 같은 형태로 써요! **성과 수 22~23p 참고**

Мне	нýжен	компью́тер
므녜	누쪤	깜뿨떼르
나에게	필요하다	컴퓨터

입에서 바로 나오는 문장 말하기

 37-1

Мне нужнá кни́га.
므녜 　누쥐나 　끄니가

나는 책이 필요해.

Мне нýжно врéмя.
므녜 　누쥐나 　브례먀

나는 시간이 필요해.

Мне нужны́ дéньги.
므녜 　누쥐늬 　졔기

나는 돈이 필요해.

✓ **단어 체크**

компью́тер 깜뿨떼르 컴퓨터 / кни́га 끄니가 책 / врéмя 브례먀 시간 / дéньги 졔기 돈

3분 회화로 응용하기

필요한 것이 무엇인지 묻고 대답해 보세요. нýжен의 형태를 알맞게 변화시켜야 하는 점 유의하세요!

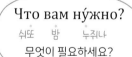

Что вам нýжно?
쉬또 밤 누쥐나
무엇이 필요하세요?

Мне нýжен телефóн.
므녜 누쥔 찔리폰
저는 전화가 필요해요.

남	○ телефóн [찔리폰] 전화기	○ совéт [싸볫] 조언
여	○ фотогрáфия [파따그라피야] 사진	○ рýчка [루취까] 펜
중	○ молокó [말라꼬] 우유	○ пальтó [빨또] 코트
북	○ друзья́ [드루지야] 친구들	○ очки́ [아취끼] 안경

3분 문제로 확인해 보기

러시아어는 우리말로, 우리말은 러시아어로 바꿔 보세요!

1 Мне нужнá рýчка. ▶ _____

2 Мне нýжно врéмя. ▶ _____

3 나는 조언이 필요해. ▶ _____

4 나는 돈이 필요해. ▶ _____

38 지나가도 되나요?

MÓЖHO로 허락 요청하기

초간단 개념 잡기

MÓЖHO는 '~할 수 있다, ~해도 된다'라는 의미예요. 'MÓЖHO + 동사원형?'으로 의문문을 만들면 영어의 'Can I/May I ~?'와 같이 허락을 구하는 표현이 돼요. 아주 유용한 표현이니 꼭 외워서 활용해 보세요.

$$\boxed{\text{Mо́жно}} \; \boxed{\text{пройти́}} \; ?$$

모줘나　　　　　　쁘라잇찌
~해도 될까요　　　　지나가다

입에서 바로 나오는 문장 말하기

 🎧 38-1

Mо́жно кури́ть?
모줘나　　　꾸릿쯔

담배를 피워도 되나요?

Mо́жно вы́йти?
모줘나　　　븨잇찌

나가도 되나요?

Mо́жно фотографи́ровать?
모줘나　　　　파따그라피라밧쯔

사진 찍어도 되나요?

✓ 단어 체크

пройти́ 쁘라잇찌 (완) 지나가다 / кури́ть 꾸릿쯔 담배를 피우다 / вы́йти 븨잇찌 (완) 나가다 /
фотографи́ровать 파따그라피라밧쯔 사진을 찍다

상대방에게 허락을 구해 보세요.

Да, коне́чно.
다 까녜쉬나
네, 물론이죠.

Нет, нельзя́.
니옛 닐쨔
아니요, 안 돼요.

Мо́жно попро́бовать?
모쥐나 빠쁘로바밧쯔
먹어봐도 될까요?

○ попро́бовать [빠쁘로바밧쯔] (완) 맛을 보다

○ посмотре́ть [빠스마뜨롓쯔] (완) 보다

○ войти́ [바잇찌] (완) 들어가다

○ спроси́ть [스쁘라씻쯔] (완) 묻다

○ взять [브쟛쯔] (완) 가져가다, 빌리다, 사다

○ сесть [쎄스쯔] (완) 앉다

러시아어는 우리말로, 우리말은 러시아어로 바꿔 보세요!

1️⃣ Мо́жно фотографи́ровать? ▸ _____

2️⃣ Мо́жно пройти́? ▸ _____

3️⃣ 들어가도 될까요? ▸ _____

4️⃣ 먹어봐도 될까요? ▸ _____

오늘의 10분 끝!

39 담배 피우면 안 돼.

нельзя로 금지하기

초간단 개념 잡기

'нельзя + 동사원형'은 '~을 하면 안 된다'라는 뜻이에요. 간단하게 동사 없이 нельзя
만 써서 '안 돼'라고 말할 수도 있어요.

Нельзя	курить
닐쟈	꾸릿쯔
안 된다	흡연하다

입에서 바로 나오는 문장 말하기

 39-1

Нельзя фотографировать.
닐쟈　　　파따그라피라밧쯔

사진 찍으면 안 돼.

Нельзя трогать.
닐쟈　　뜨로갓쯔

만지면 안 돼.

Нельзя кричать.
닐쟈　　끄리챳쯔

소리 지르면 안 돼.

✔ 단어 체크

курить 꾸릿쯔 담배 피우다 / фотографировать 파따그라피라밧쯔 사진 찍다 /
трогать 뜨로갓쯔 만지다 / кричать 끄리챳쯔 소리 지르다

허락을 요청하는 질문에 금지 표현을 써서 답해 보세요!

Здесь мо́жно купа́ться?
즈졔스   모쥐나   꾸빠짜
여기서 수영해도 될까요?

Здесь нельзя́ купа́ться.
즈졔쓰   닐쟈   꾸빠짜
여기서는 수영하면 안 돼요.

○ купа́ться [꾸빠짜] 수영하다   ○ есть [예스쯔] 먹다

○ гро́мко разгова́ривать [그롬까 라즈가바리밧쯔] 큰소리로 대화하다

○ паркова́ться [빠르까밧짜] 주차하다   ○ сиде́ть [씨졔쯔] 앉아 있다

 문제로 확인해 보기

러시아어는 우리말로, 우리말은 러시아어로 바꿔 보세요!

1 Нельзя́ фотографи́ровать. ▶ _____

2 Нельзя́ крича́ть. ▶ _____

3 만지면 안 돼. ▶ _____

4 수영하면 안 돼. ▶ _____

오늘의 10분 끝!

40 집에 갈 시간이야.

nopá로 지금 해야 할 일 말하기

2분 초간단 개념 잡기

'nopá + 동사원형'은 '~을 해야 할 시간이다'라는 뜻이에요. '나는 이제 가 봐야 해'라고
말할 때에는 간단하게 동사 없이 'мне nopá [므네 빠라]'라고 말할 수 있어요.

Порá	идти́	домо́й
빠라	잇찌	다모이
~할 시간이다	가다	집으로

2분 입에서 바로 나오는 문장 말하기

Порá обе́дать.
빠라   아볘닷쯔

점심 먹을 시간이야.

Порá спать.
빠라   스빳쯔

잘 시간이야.

Порá сесть на дие́ту
빠라   쎄스쯔   나   지에뚜

다이어트할 때가 됐어.

✓ 단어 체크

домо́й 다모이 집으로 / обе́дать 아볘닷쯔 점심 먹다 / спать 스빳쯔 자다 /
сесть на дие́ту 쎄스쯔 나 지에뚜 다이어트를 하다

지금은 무엇을 할 때인가요? 상대방에게 '이제는 ~할 때가 됐어'라고 말해 보세요.

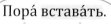

Порá встава́ть.
빠라 프스타밧쯔
일어나야 할 때야.

Хорошо́.
하라쇼
알겠어.

Не хочý.
니 하츄
싫어.

○ встава́ть [프스타밧쯔] 일어나다, 기상하다

○ за́втракать [잡뜨라깟쯔] 아침식사를 하다

○ у́жинать [우쥐낫쯔] 저녁식사를 하다

○ на рабо́ту [나 라보뚜] 직장으로 (출근하다)

○ жени́ться [쥐닛쌰] ♂ /
за́муж [자무쉬] ♀ 결혼하다

○ уходи́ть [우하짓쯔] 나가다, 떠나다

문제로 확인해 보기

러시아어는 우리말로, 우리말은 러시아어로 바꿔 보세요!

1 Порá обе́дать. ▶ _____

2 Порá встава́ть. ▶ _____

3 집에 갈 시간이야. ▶ _____

4 잘 시간이야. ▶ _____

오늘의 10분 끝!

1. 다음 빈칸에 알맞은 단어를 쓰세요.

1 _____ _____ идти́ домо́й. 나는 집에 가야 해.

2 _____ _____ компью́тер. 나는 컴퓨터가 필요해.

3 _____ пройти́? 지나가도 되나요?

4 Здесь _____ гро́мко разгова́ривать.
여기서 큰소리로 이야기하면 안 돼.

5 _____ спать. 잘 시간이야.

2. ну́жен을 다음 빈칸에 알맞은 형태로 쓰세요.

1 Мне _____ маши́на. 나는 자동차가 필요해.

2 Вам _____ вре́мя? 시간이 필요해?

3 Мне _____ де́ньги. 나는 돈이 필요해.

4 Мне _____ сове́т. 나는 조언이 필요해.

3. 다음에 대한 대답으로 적절하지 않은 것을 고르세요.

> Здесь мо́жно фотографи́ровать? 여기서 사진 찍어도 되나요?

а) Да, коне́чно.   б) Да, уже́ по́здно.   в) Нет, здесь нельзя́.

4 / 다음은 하루 일과예요. 시간을 보고 **보기** 에서 알맞은 표현을 골라 쓰세요.

> **보기** спать / встава́ть / домо́й / в туале́т / на рабо́ту
> за́втракать / обе́дать / у́жинать

1 아침 7시

→ Пора́ _____.
일어날 시간이다.

2 아침 8시

→ Пора́ _____.
출근할 시간이다.

3 낮12시

→ Пора́ _____.
점심 먹을 시간이다.

4 저녁 6시

→ Пора́ _____.
퇴근할 시간이다.

정답

1 / ① Мне на́до ② Мне ну́жен ③ Мо́жно ④ нельзя́ ⑤ Пора́

2 / ① нужна́ ② ну́жно ③ нужны́ ④ ну́жен

3 / б) 네, 이미 늦었어요.

4 / ① встава́ть ② на рабо́ту ③ обе́дать ④ домо́й

나는 머리가 아파.

боли́т으로 아픈 곳 말하기

초간단 개념 잡기

'아프다'라는 단어는 боли́т이에요. '나는 ~가 아프다'라고 할 때에는 'у меня́ боли́т + 아픈 부위(주격)' 구문을 사용해요. 아픈 부위가 단수일 때에는 боли́т, 복수일 때는 боля́т을 써요.

У меня́	боли́т	голова́
우 미냐	발릿	갈라바
나에게	아프다	머리가

입에서 바로 나오는 문장 말하기 🔊 41-1

У меня́ боли́т живо́т.
우 미냐   발릿   쥐봇

나는 배가 아파.

У меня́ боли́т го́рло.
우 미냐   발릿   고를라

나는 목이 아파.

У меня́ боля́т зу́бы.
우 미냐   발럇   주븨

나는 이가 아파.

✓ **단어 체크**

голова́ 갈라바 머리 / живо́т 쥐봇 배 / го́рло 고를라 목 / зу́бы 주븨 (복) 이, 치아

회화로 응용하기

 🎧41-2

어디가 아픈지 묻고 답해 보세요.

Что вас беспокóит?
쉬또 바쓰 비스빠꼬잇
어디가 아프세요?

У меня́ боли́т рука́.
우 미냐 발릿 루까
저는 팔(손)이 아파요.

○ рука́ [루까] 팔, 손
○ нога́ [나가] 다리, 발
○ сéрдце [쎄르쩨] 심장
○ спина́ [스삐나] 등
○ глаза́ [글라자] (복) 눈
○ у́ши [우쉬] (복) 귀

복수 명사가 오면 동사 형태를 боля́т으로 바꿔야 해요.

문제로 확인해 보기

러시아어는 우리말로, 우리말은 러시아어로 바꿔 보세요!

1. У меня́ боли́т живо́т. ▸ _____

2. У меня́ боля́т зу́бы. ▸ _____

3. 나는 등이 아파. ▸ _____

4. 나는 머리가 아파. ▸ _____

오늘의 **10분** 끝!

나는 컨디션이 안 좋아.

чу́вствовать로 컨디션 말하기

초간단 개념 잡기

чу́вствовать는 '느끼다(feel)'라는 뜻으로 себя́(스스로를)와 같이 써서 '나의 몸 상태가 어떠하다'라는 표현을 할 수 있어요.

Я	чу́вствую себя́		плóхо
야	츄스트부유	씨뱌	쁠로하
나는	느끼다	스스로를	나쁘게

입에서 바로 나오는 문장 말하기

 🎧 42-1

Я чу́вствую себя́ хорошó.
야 츄스트부유 씨뱌 하라쇼

나는 컨디션이 좋아.

Я чу́вствую себя́ нормáльно.
야 츄스트부유 씨뱌 나르말나

나는 컨디션이 괜찮아.

Я чу́вствую себя́ прекрáсно.
야 츄스트부유 씨뱌 쁘리끄라쓰나

나는 컨디션이 매우 좋아.

✔ 단어 체크

плóхо 쁠로하 나쁘다 / хорошó 하라쇼 좋다 / нормáльно 나르말나 괜찮다 /
прекрáсно 쁘리끄라쓰나 매우 좋다

3분 회화로 응용하기

 🎧 42-2

컨디션을 묻고 답해 보세요.

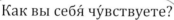

Как вы себя чу́вствуете?
각 븨 씨뱌 츄스트부이쩨
컨디션이 어떠세요?

Я чу́вствую себя́
야 츄스트부유 씨뱌
отли́чно.
아뜰리취나
저는 컨디션이 매우 좋아요.

- отли́чно [아뜰리취나] 매우 좋다, 훌륭하다
- ужа́сно [우좌쓰나] 몹시 별로다
- лу́чше [룻쉐] 더 좋다(better)
- ху́же [후줴] 더 나쁘다(worse)

3분 문제로 확인해 보기

러시아어는 우리말로, 우리말은 러시아어로 바꿔 보세요!

1. Я чу́вствую себя́ прекра́сно. ▸ _____

2. Я чу́вствую себя́ ху́же. ▸ _____

3. 나는 컨디션이 좋아. ▸ _____

4. 나는 컨디션이 나빠. ▸ _____

오늘의 **10분** 끝!

계산서를 주세요!

дать로 물건을 달라고 요청하기

43

초간단 개념 잡기

'주다(дать)'의 명령형인 дáйте를 알아 볼게요. 명령형은 '-이쩨'로 끝나는 경우가 많아요. дать 다음에 나오는 명사는 대격으로 써야 해요. 대격 180p 참고

Дáйте,	пожáлуйста,	счёт
다이쩨	빠좔스따	숏
주세요	부디(please)	계산서를

입에서 바로 나오는 문장 말하기   43-1

Дáйте, пожáлуйста, меню́.
다이쩨   빠좔스따   미뉴

메뉴판을 주세요.

Дáйте, пожáлуйста, ру́чку.
다이쩨   빠좔스따   루췌꾸

볼펜을 주세요.

Дáйте, пожáлуйста, айс-ко́фе.
다이쩨   빠좔스따   아이스 꼬페

아이스커피 한 잔
주세요.

✔ 단어 체크

счёт 숏 계산서 / меню́ 미뉴 메뉴 / ру́чка 루췌까 펜 / айс-ко́фе 아이스 꼬페 아이스커피

필요한 것을 달라고 요청해 보세요.

Да́йте, пожа́луйста, чек.
다이쩨　　빠좔스따　　첵
영수증을 주세요.

Вот, пожа́луйста.
봇　　빠좔스따
자, 여기요.

대격

○ чек [첵] 영수증

○ стака́н [스따깐] 컵

○ салфе́тки [살폐트끼] 휴지, 냅킨

○ во́ду [보두] 물

○ слова́рь [슬라바리] 사전

○ но́мер телефо́на [노메르 찔리포나] 전화번호

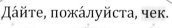 **문제로 확인해 보기**

러시아어는 우리말로, 우리말은 러시아어로 바꿔 보세요!

1 Да́йте, пожа́луйста, меню́. ▸ _____

2 Да́йте, пожа́луйста, чек. ▸ _____

3 볼펜을 주세요. ▸ _____

4 물을 주세요. ▸ _____

오늘의 **10분** 끝!

44

이름을 말해 주세요.

сказа́ть로 말해 달라고 요청하기

⏱2분 초간단 개념 잡기

'말하다(сказа́ть)'의 명령형은 скажи́те예요. сказа́ть 다음에 대격 명사 또는 의문문을 써서 '~을 말해 주세요'라고 요청하는 표현을 알아볼게요!

Скажи́те,	пожа́луйста,	ва́ше и́мя
스까쥐쩨	빠-좔스따	바-쉐 이먀
말해 주세요	부디(please)	당신의 이름을

⏱2분 입에서 바로 나오는 문장 말하기 🎧44-1

Скажи́те, пожа́луйста,
스까쥐쩨   빠-좔스따
ваш но́мер телефо́на.
바쉬   노몌르   찔리포나

당신의 전화번호를 알려주세요.

Скажи́те, пожа́луйста,
스까쥐쩨   빠-좔스따
ваш а́дрес.
바쉬   아드례쓰

당신의 주소를 말해 주세요.

Скажи́те, пожа́луйста,
스까쥐쩨   빠-좔스따
где туале́т.
그졔   뚜알롓

화장실이 어디 있는지 알려주세요.

✓ **단어 체크**

ваш 바쉬 당신의 / и́мя 이먀 이름 / но́мер телефо́на 노몌르 찔리포나 전화번호 /

а́дрес 아드례쓰 주소 / где 그졔 어디에 / туале́т 뚜알롓 화장실

주어진 의문문을 빈칸에 넣어 궁금한 것을 물어보세요.

Молодо́й челове́к!
말라도이   칠라벡
Скажи́те, пожа́луйста, что э́то.
스까쥐쩨   빠좔스따   쉬또 에따
저기요, 이것이 무엇인지 말씀해 주세요.

> 남성을 부를 때는
> молодо́й челове́к을,
> 여성을 부를 때는 де́вушка
> [제부쉬까]라는 표현을 사용해요.

○ что э́то [쉬또 에따] 이것이 무엇인지

○ кто э́то [크또 에따] 이 사람이 누구인지

○ где нахо́дится музе́й [그졔 나호짓짜 무졔이]
박물관이 어디 있는지

○ ско́лько э́то сто́ит [스꼴까 에따 스또잇]
이것이 (가격이) 얼마인지

3분 문제로 확인해 보기

러시아어는 우리말로, 우리말은 러시아어로 바꿔 보세요!

1 Скажи́те, пожа́луйста, ваш а́дрес. ▶ _____

2 Скажи́те, пожа́луйста, что э́то. ▶ _____

3 이것이 얼마인지 말해 주세요. ▶ _____

4 당신의 이름을 말해 주세요. ▶ _____

오늘의 10분 끝!

나는 운동을 해요.

45

занима́ться로 하고 있는 것 말하기

초간단 개념 잡기

занима́ться라는 동사는 '공부하다, ~을 하다'라는 뜻이에요. 동사 뒤에는 조격을 써요. 조격에서 남성/중성 명사의 어미는 -ом/-ем, 여성 명사의 어미는 -ой/-ей/-ью로 변해요. 조격 181p 참고

Я	занима́юсь	спо́ртом
야	자니마유쓰	스뽀르땀
나는	하다	운동을

입에서 바로 나오는 문장 말하기

 45-1

Я занима́юсь пла́ванием.
야 자니마유쓰 쁠라바니옘

나는 수영을 해.

Я занима́юсь ру́сским языко́м.
야 자니마유쓰 루스낌 이직꼼

나는 러시아어를 공부해.

Я занима́юсь би́знесом.
야 자니마유쓰 비즈네쌈

나는 사업을 해.

✔ 단어 체크

спо́рт 스뽀르뜨 운동 / пла́вание 쁠라바니예 수영 / ру́сский язы́к 루스끼 이직 러시아어 /
би́знес 비즈네쓰 사업

회화로 응용하기

여가 시간에 주로 무엇을 하는지 묻고 답해 봐요! заниматься는 조격과 함께 써야 하는 점 기억하세요!

> **Чем вы занима́етесь**
> 쳄 븨 자니마이쩨스
> **в свобо́дное вре́мя?**
> 프 스바보드나예 브례먀
> 여가 시간에 무엇을 하시나요?

> **Я занима́юсь шо́ппингом.**
> 야 자니마유쓰 쇼삥감
> 저는 쇼핑을 해요.

조격

○ шо́ппингом [쇼삥감] 쇼핑

○ та́нцами [딴짜미] 춤

○ бо́улингом [보울링감] 볼링

○ му́зыкой [무지까이] 음악

○ рисова́нием [리싸바니옘] 그림 그리기

 문제로 확인해 보기

러시아어는 우리말로, 우리말은 러시아어로 바꿔 보세요!

1 Я занима́юсь ру́сским языко́м ▶ _____

2 Я занима́юсь та́нцами. ▶ _____

3 나는 운동을 해. ▶ _____

4 나는 쇼핑을 해. ▶ _____

오늘의 10분 끝!

1/ 다음 빈칸에 알맞은 동사를 알맞은 형태로 쓰세요.

1. У меня ＿＿＿＿＿＿＿＿ го́рло. 나는 목이 아파.

2. Я ＿＿＿＿＿＿＿ себя́ хорошо́. 나는 컨디션이 좋아.

3. ＿＿＿＿＿＿＿, пожа́луйста, ко́фе. 커피를 주세요.

4. ＿＿＿＿＿＿＿, пожа́луйста, ва́ше и́мя. 이름을 말해 주세요.

5. Я ＿＿＿＿＿＿＿ пла́ванием. 나는 수영을 해.

2/ 다음 빈칸에 들어갈 단어로 짝 지어진 것을 고르세요.

> - Я чу́вствую себя́ ＿＿＿＿＿＿, *потому́ что у меня́
>   боли́т голова́.
> - Я иду́ в теа́тр. ＿＿＿＿＿＿, пожа́луйста, где
>   нахо́дится теа́тр.
> ＊потому́ что 왜냐하면

а) хорошо́-дава́йте   б) лу́чше-скажи́те

в) пло́хо-да́йте   г) пло́хо-скажи́те

д) прекра́сно-скажи́те

3 / 다음 질문의 빈칸에 알맞은 의문사를 쓰세요.

1   _____ вас беспокóит? 어디가 아프세요?

2   _____ вы себя́ чу́вствуете? 컨디션이 어떠세요?

3   _____ вы занима́етесь в свобо́дное вре́мя?
    여가 시간에 무엇을 하세요?

4 / 다음 빈칸의 단어를 알맞은 형태로 변화시켜 쓰세요.

1   Я занима́юсь _____(спорт). 나는 운동을 해.

2   У _____(я) боли́т нога́. 나는 다리가 아파.

3   Да́йте, пожа́луйста, _____(вода́). 물을 주세요.

46 생일을 축하합니다!

поздравля́ть로 축하하기

2분 초간단 개념 잡기

'축하하다'라는 단어는 поздравля́ть예요. поздравля́ю вас [빠즈드라블랴유 바쓰]는 '당신을 축하합니다'라는 뜻이에요. 축하하는 이유는 'c + 조격'으로 쓰면 돼요. 조격 181p 참고

> поздравля́ю вас를 생략해도 의미를 전달할 수 있어요.

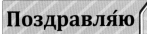

Поздравля́ю	**вас**	**с днём рожде́ния**
빠즈드라블랴유	바쓰	즈 드뇸 라쥐졔니야
(나는) 축하한다	당신을	생일

2분 입에서 바로 나오는 문장 말하기 🎧 46-1

Поздравля́ю вас с Но́вым го́дом!
빠즈드라블랴유 　 바쓰 쓰 　 노빔 　 고담

신년을 축하합니다!
(새해 복 많이 받으세요)

Поздравля́ю вас с пра́здником!
빠즈드라블랴유 　 바쓰 쓰 　 쁘라즈니깜

기념일을 축하해요!
> 각종 기념일, 명절을 축하할 때 사용해요!

Поздравля́ю вас с Рождество́м!
빠즈드라블랴유 　 바쓰 쓰 　 라쥐졔스뜨봄

메리 크리스마스!

✓ 단어 체크

день рожде́ния 졘 라쥐졔니야 생일 / Но́вый год 노븨 곳 신년 / пра́здник 쁘라즈닉 기념일 /
Рождество́ 라쥐졔스뜨보 크리스마스

3분

빈칸에 주어진 표현을 넣어 축하와 감사 인사를 해 보세요!

Поздравля́ю вас со сва́дьбой!
빠즈드라블랴유   바쓰   싸   쓰바즈바이
결혼을 축하해요!

Спаси́бо большо́е!
스빠씨바   발쇼예
정말 감사합니다!

조격

○ со сва́дьбой [싸 쓰바즈바이] 결혼을

○ с повыше́нием [쓰 빠븨쉐니옘] 승진을

○ с рожде́нием ребёнка [쓰 라줴제니옘 리뵨까] 출산을

○ с восьмы́м ма́рта! [쓰 바씨믬 마르따] 여성의 날(3월 8일)을

○ с днём побе́ды [즈 드뇸 빠베듸] 전승기념일을

3분

문제로 확인해 보기

러시아어는 우리말로, 우리말은 러시아어로 바꿔 보세요!

1 Поздравля́ю вас с Рождество́м! ▶ _____

2 Поздравля́ю вас с пра́здником! ▶ _____

3 신년을 축하합니다! ▶ _____

4 생일을 축하해요! ▶ _____

오늘의 **10분 끝!**

47 행복을 기원합니다!

желáть로 기원의 말 전하기

초간단 개념 잡기

'기원하다'라는 뜻의 단어는 желáть예요. 서로 축복의 말을 전할 때에는 'желáю вам+생격'으로 나타내요. 생일이나 기념일 등을 축하할 때, 편지글, 일상생활에서 자주 쓰는 표현이랍니다. 생격 178p 참고

Желáю	вам	счáстья
질라유	밤	샤스찌야
(나는) 기원한다	당신에게	행복

желáю вам을 생략해도 기원의 의미를 전달할 수 있어요.

입에서 바로 나오는 문장 말하기 🔊 47-1

Желáю вам здорóвья.
질라유　　밤　　즈다로비야

건강하세요!
(나는 당신의 건강을 기원해요.)

Желáю вам успéхов.
질라유　　밤　　우스뻬하프

성공을 빌어요!
(나는 당신의 성공을 기원해요.)

Желáю вам удáчи.
질라유　　밤　　우다취

행운을 빌어요!
(나는 당신의 행운을 빌어요.)

✓ 단어 체크

счáстье 샤스찌예 행복 / здорóвье 즈다로비예 건강 / успéх 우스뻬흐 성공 /
удáча 우다촤 운, 행운

상대방에게 축하와 기원을 표현해 보세요.

> тóже 또한, 역시

Желáю вам добрá.
질라유 밤 다브라
좋은 일을 기원해요!

Спасúбо, и вам тóже!
스빠씨바 이 밤 또제
감사합니다. 저도 역시 (좋은 일을) 기원해요!

생격

○ добрá [다브라] 좋은 일 ○ хорóшего дня [하로셰바 드냐] 좋은 하루

○ счастлúвого путú [쉬슬리바바 뿌찌] 즐거운 여행

○ всегó хорóшего [프시보 하로셰바] 다 잘 되기

'식사 맛있게 하세요'라는 표현은
'желáю вам'을 생략하고
'Прия́тного аппети́та!'라고만 말해요.

○ прия́тного аппети́та [쁘리야뜨나바 아삐찌따] 맛있는 식사

러시아어는 우리말로, 우리말은 러시아어로 바꿔 보세요!

1 Желáю вам здорóвья. ▶ _____

2 Прия́тного аппети́та! ▶ _____

3 행운을 빌어요! ▶ _____

4 즐겁게 여행하세요! ▶ _____

오늘의 10분 끝!

48 지금은 1시야.

сейчас와 час로 현재 시간 말하기

2분 초간단 개념 잡기

'시(hour)'를 뜻하는 단어는 час예요. 영어에서는 1 다음에는 단수 hour, 2부터는
복수 hours를 쓰는데, 러시아어는 숫자 끝자리에 따라 명사가 다음과 같이 변해요.

> 숫자 166~167p 참고

- 1 + час [촤쓰](단수 주격)
- 2, 3, 4 + часá [취싸] (단수 생격)
- 5~20 + часóв [취쏘프] (복수 생격)

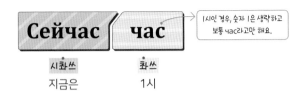

Сейчас	час
시촤쓰	촤쓰
지금은	1시

> 1시인 경우, 숫자 1은 생략하고
> 보통 час라고만 해요.

2분 입에서 바로 나오는 문장 말하기

  48-1

Сейчáс два часá.
씨촤쓰　드바　취싸

지금은 2시야.

Сейчáс пять часóв.
씨촤쓰　빧쯔　취쏘프

지금은 5시야.

Сейчáс дéсять часóв.
씨촤쓰　졔씯쯔　취쏘프

지금은 10시야.

✓ 단어 체크

час 촤쓰 시 / одúн 아진 1 / два 드바 2 / пять 빧쯔 5 / дéсять 졔씯쯔 10

회화로 응용하기

숫자를 활용해 시간을 말해 보세요. 숫자에 따라 달라지는 '시' 표현(час/ часа́/ часо́в)에 유의하세요!

> Кото́рый час?
> 까또리 촤쓰
> 지금 몇 시예요?

> Сейча́с четы́ре часа́.
> 씨촤쓰 취띠리 취싸
> 지금은 4시예요.

○ четы́ре часа́ [취띠리 취싸] 4시

○ шесть часо́в [쉐스쯔 취쏘프] 6시

○ двена́дцать часо́в но́чи
[드베나짯쯔 취쏘프 노취] 밤 12시

○ почти́ три часа́ [빠취찌 뜨리 취싸] 거의 3시

○ ро́вно семь часо́в [로브나 쎔 취쏘프] 7시 정각

문제로 확인해 보기

러시아어는 우리말로, 우리말은 러시아어로 바꿔 보세요!

1 Сейча́с пять часо́в.　　▶ _____

2 Сейча́с три часа́.　　▶ _____

3 지금은 1시야.　　▶ _____

4 지금은 12시야.　　▶ _____

오늘의 10분 끝!

49

나는 21살이야.

мне와 год로 나의 나이 말하기

2분 초간단 개념 잡기

나이를 말할 때는 '여격 + 나이' 표현을 써요. '해, 연(year)'을 나타내는 단어인 год는 앞에 오는 숫자의 끝자리에 따라 다음과 같이 변해요. 나이와 관련해 1~100까지의 숫자를 익혀 보세요. 숫자 166~167p 참고

- 1 + год [곳] (단수 주격)
- 2,3,4 + го́да [고다] (단수 생격)
- 5이상 + лет [렛] (복수 생격)

↳ 5~20인 경우 복수 생격을 쓰고, 20 이상일 때에는 숫자 끝자리에 따라 변해요.

Мне	21	год
므녜	드밧짯쯔 아진	곳
나는	21	살

2분 입에서 바로 나오는 문장 말하기

  49-1

Мне три́дцать два го́да.
므녜   뜨리짯쯔   드바   고다

나는 32살이야.

Мне со́рок лет.
므녜   쏘락   렛

나는 40살이야.

Мне де́сять лет.
므녜   졔싯쯔   렛

나는 10살이야.

✓ 단어 체크

оди́н 아진 1 / два 드바 2 / де́сять 졔씻쯔 10 / два́дцать 드밧짯쯔 20 /

три́дцать 뜨리짯쯔 30 / со́рок 쏘락 40

3분 회화로 응용하기 🔊 49-2

숫자를 활용해 나이를 말해 보세요. 숫자에 따라 달라지는 '~살' 표현(год/года/
лет)에 유의하세요! 나이를 물어볼 때는 ско́лько(얼마나)라는 의문사를 사용해요.

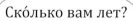

Ско́лько вам лет?
스꼴까   밤   롓
몇 살이에요?

Мне семна́дцать лет.
므녜   씸낫짯쯔   롓
저는 17살이에요.

- семна́дцать лет [씸낫짯쯔 롓] 17살
- три́дцать пять лет [뜨릿짯쯔 빧쯔 롓] 35살
- со́рок три го́да [쏘락 뜨리 고다] 43살
- два́дцать семь лет [드밧짯쯔 쎔 롓] 27살

3분 문제로 확인해 보기

러시아어는 우리말로, 우리말은 러시아어로 바꿔 보세요!

1. Мне три́дцать пять лет. ▸ _____

2. Мне два́дцать два го́да. ▸ _____

3. 나는 21살이야. ▸ _____

4. 나는 40살이야. ▸ _____

오늘의 **10분** 끝!

49 나는 21살이야.   163

이것은 10루블이야.

cтóить와 рубль로 가격 말하기

초간단 개념 잡기

'가격이 얼마다'라는 뜻은 cтóить예요. 러시아의 화폐 단위 рубль(루블)은 다음과 같이
변해요. 가격과 관련해 100~1000까지의 숫자를 익혀 보세요. 　숫자 166~167p 참고

- 1 + рубль [루블] (단수 주격)
- 2, 3, 4 + рубля́ [루블랴] (단수 생격)
- 5 이상 + рубле́й [루블레이] (복수 생격)

> 5~20인 경우 복수 생격을 쓰고, 20 이상일 때에는 숫자 끝자리에 따라 변해요.

Это	cтóит	10 рубле́й
에따	스또잇	졔씻쯔 루블례이
이것은	가격이 ~이다	10 루블

입에서 바로 나오는 문장 말하기 　🔊 50-1

Это cтóит сто три рубля́.
에따　　스또잇　　스또　뜨리　　루블랴

이건 103루블이야.

Это cтóит сто дéсять рубле́й.
에따　　스또잇　　스또　졔씻쯔　　루블례이

이건 110루블이야.

Это cтóит двéсти рубле́й.
에따　　스또잇　　드볘스찌　　루블례이

이건 200루블이야.

 단어 체크

три 뜨리 3 / дéсять 졔씻쯔 10 / сто 스또 100 / двéсти 드볘스찌 200

회화로 응용하기 🎧 50-2

숫자를 활용해 가격을 말해 보세요. 숫자에 따라 달라지는 루블 표현(рубль/рубля́/
рубле́й)에 유의하세요. 나이를 물어볼 때는 ско́лько(얼마나)라는 의문사를 사용
해요.

> **Ско́лько э́то сто́ит?**
> 스꼴까   에따   스또잇
> 이것은 얼마인가요?

> **Э́то сто́ит три́ста рубле́й.**
> 에따   쓰또잇   뜨리스따   루블레이
> 이것은 300루블이에요.

- пятьсо́т рубле́й [삣쏫 루블레이] 500루블
- восемьсо́т рубле́й [바씸쏫 루블레이] 800루블
- ты́сяча рубле́й [띄씨촤 루블레이] 1000루블

 문제로 확인해 보기

러시아어는 우리말로, 우리말은 러시아어로 바꿔 보세요!

1 Э́то сто́ит сто пять рубле́й.   ▶ _____

2 Э́то сто́ит два́дцать два рубля́. ▶ _____

3 이것은 501루블이야.   ▶ _____

4 이것은 810루블이야.   ▶ _____

러시아어 숫자 정리하기

Review 문제에 앞서 러시아어 숫자를 정리해 봐요.

1	оди́н	아진	11	оди́ннадцать	아진낫짯쯔
2	два	드바	12	двена́дцать	드비낫짯쯔
3	три	뜨리	13	трина́дцать	뜨리낫짯쯔
4	четы́ре	취띠리	14	четы́рнадцать	취띠리낫짯쯔
5	пять	뺘쯔	15	пятна́дцать	삣낫짯쯔
6	шесть	쉐스쯔	16	шестна́дцать	쉬스낫짯쯔
7	семь	쎔	17	семна́дцать	씸낫짯쯔
8	во́семь	보씸	18	восемна́дцать	바씸낫짯쯔
9	де́вять	계빗쯔	19	девятна́дцать	지빗낫짯쯔
10	де́сять	계씻쯔			

20	два́дцать	드밧짯쯔	200	две́сти	드볘스찌
30	три́дцать	뜨리짯쯔	300	три́ста	뜨리스따
40	со́рок	쏘락	400	четы́реста	취띠리스따
50	пятьдеся́т	삐지샷	500	пятьсо́т	삣쏫
60	шестьдеся́т	쉬지샷	600	шестьсо́т	쉬쏫
70	се́мьдесят	쎔지샷	700	семьсо́т	씸쏫
80	во́семьдесят	보씸지샷	800	восемьсо́т	바씸쏫
90	девяно́сто	지비노스따	900	девятьсо́т	지빗쏫
100	сто	스또	1000	ты́сяча	띠씨촤

숫자에 따라 함께 쓰이는 명사의 형태가 달라졌던 것 기억하죠?
다시 한번 표로 정리해 봐요.

	시	연(年)	루블
1 + 단수 주격	час [챠스]	год [곳]	рубль [루블]
2, 3, 4 + 단수 생격	часá [취싸]	гóда [고다]	рубля́ [루블랴]
5 이상* + 복수 생격	часóв [취쏘프]	лет [렛]	рубле́й [루블레이]

명사의 형태는 숫자 끝자리에 따라 변해요. 그래서 아무리 숫자가 커져도 끝자리 수만 보면 돼요.

예를 들어, 151이라는 숫자는 맨 끝자리 숫자가 1이기 때문에 рýбль(주격)과 함께 써요. 152, 153, 154 다음에는 рубля́(단수 생격)를 써야겠죠?

주의 끝자리가 5 이상일 때에는 복수 생격을 쓰는데요. 5~20까지는 무조건 복수 생격이에요. 즉, 11, 12, 13, 14 다음에는 단수 생격이 아니라 복수 생격을 써야 해요.

1/ 다음 빈칸에 알맞은 동사를 쓰세요.

① _____ вас с днём рожде́ния! 생일 축하해요!

② _____ вам сча́стья! 행복을 기원해요!

③ Это _____ три́ста рубле́й. 이것은 가격이 300루블이에요.

2/ 다음 빈칸의 명사를 알맞은 형태로 쓰세요.

① Мне три́дцать пять _____. 나는 35살이야.

② Сейча́с два _____. 지금은 2시야.

③ Сейча́с оди́ннадцать _____. 지금은 11시야.

④ Мне со́рок три _____. 나는 43살이야.

⑤ Это сто́ит две́сти _____. 이것은 200루블이야.

3/ 다음의 답을 유도할 수 있는 질문을 쓰세요.

① А: _____?
Б: Мне два́дцать оди́н год. 저는 21살이에요.

② А: _____?
Б: Сейча́с час. 지금은 1시예요.

③ А: _____?
Б: Пятьсо́т рубле́й. 500루블이에요.

4 / 다음 그림을 보고, 다음 상황에서 상대방에게 해줄 수 있는 말을 쓰세요.

_____

_____

_____

★참고 축하와 기원의 표현을 할 때, 구어에서는 поздравля́ю вас와 жела́ю вам을 생략하는 경우가 많아요.

정답

1 / ① Поздравля́ю　　② Жела́ю　　③ сто́ит

2 / ① лет　　② часа́　　③ часо́в　　④ го́да　　⑤ рубле́й

3 / ① Ско́лько вам лет?　　② Кото́рый час?
　　③ Ско́лько э́то сто́ит?

4 / ① С Но́вым го́дом! 신년 축하합니다!
　　② Счастли́вого пути́! 즐겁게 여행하세요!
　　③ Прия́тного аппети́та! 식사 맛있게 하세요!

러시안? 시베리안?

우리 생활 속에 사용되는 단어 중에 은근히 '러시안'과 '시베리안'이 많아요.

러시안블루

러시아 북부에서 유래한 품종으로 러시아 황실에서 키우던 고양이로 알려져 있어요.

Ру́сская голуба́я ко́шка
루스까야 갈루바야 꼬쉬까
러시안블루 고양이

블랙러시안

러시아를 대표하는 술 보드카를 베이스로 하는 검은 빛깔의 칵테일이에요.

Чёрный ру́сский кокте́йль
쵸르늬 루스끼 깍떼일
블랙러시안 칵테일

러시안 룰렛

회전식 권총에 하나의 총알만 장전하고 한 사람씩 돌아가면서 머리에 총을 쏘는 랜덤게임이에요.

Ру́сская руле́тка
루스까야 룰례트까
러시안 룰렛

❇ 시베리안 허스키

러시아 시베리아 지역 유목민들이 키우는
대형 썰매견이에요.

Сиби́рский ха́ски

씨비르스끼 하스끼

시베리안 허스키

❇ 시베리아 호랑이

러시아 아무르 지역에 사는 호랑이로 러시아에
서는 아무르 호랑이라고 불려요. 호랑이 중에
가장 몸집이 크답니다.

Аму́рский тигр

아무르스끼 찌그르

아무르 호랑이

* 완료상은 (완) 으로 표시함.

동사

боле́ть	아프다	находи́ться	위치하다
взять	(완) 가져가다, 빌리다, 사다	нельзя́	안 된다, 불가능하다
войти́	들어가다	нра́виться	~가 마음에 들다, 좋다
встава́ть	일어나다, 기상하다	обе́дать	점심을 먹다
вы́йти	(완) 나가다	отдохну́ть	(완) 쉬다
говори́ть	말하다	отдыха́ть	쉬다
гото́вить	요리하다	откры́ть	(완) 열다
гуля́ть	산책하다	паркова́ться	주차하다
дать	(완) 주다	петь	노래하다
де́лать	~을 하다	пить	마시다
есть	있다; 먹다	пла́вать	수영하다
е́хать	(타고) 가다	подожда́ть	(완) 기다리다
жела́ть	기원하다	поду́мать	(완) 생각하다
жени́ться	결혼하다	пое́сть	(완) 먹다
жить	살다	пое́хать	(완) 가다
за́втракать	아침을 먹다	позвони́ть	(완) 전화하다
закры́ть	(완) 닫다	поздравля́ть	축하하다
занима́ться	~을 하다	помо́чь	(완) 돕다
звать	부르다	понима́ть	이해하다
игра́ть	놀다, 연주하다	посмотре́ть	(완) 보다
идти́	가다	поспа́ть	(완) 자다
изуча́ть	공부하다	приго́товить	(완) 준비하다
ката́ться	(자전거, 썰매 등) 타다	прийти́	(완) 오다
кра́ситься	화장하다	пройти́	(완) 지나가다
крича́ть	소리 지르다	рабо́тать	일하다
купа́ться	수영하다	разгова́ривать	대화하다
купи́ть	(완) 사다	сиде́ть	앉아 있다
кури́ть	담배를 피우다	сказа́ть	(완) 말하다
люби́ть	사랑하다	смотре́ть	보다, 시청하다
мо́жно	~할 수 있다	спать	자다
мочь	할 수 있다(can)	спроси́ть	(완) 물어보다
на́до	해야 한다	сто́ить	값이 나가다

тро́гать	만지다	фотогра-фи́ровать	사진을 찍다
у́жинать	저녁을 먹다	хоте́ть	원하다
уметь	(배워서)할 수 있다	чита́ть	읽다
уходи́ть	나가다, 떠나다	чу́вствовать	느끼다
учи́ться	공부하다		

명사 / 형용사 / 부사 등

авто́бус	버스	ваш	당신의
а́дрес	주소	веб-страни́ца	웹페이지
айс-ко́фе	아이스커피	велосипе́д	자전거
Аме́рика	미국	ве́село	즐겁다
англи́йский язы́к	영어	весна́	봄
Англия	영국	ви́део	영상
апте́ка	약국	вино́	와인
аспиранту́ра	대학원	Владивосто́к	블라디보스톡
ба́бушка	할머니	вода́	물
бадминто́н	배드민턴	во́дка	보드카
бале́т	발레공연	вон	바로 저기
банк	은행	восьмо́е ма́рта	여성의 날(3월 8일)
банки́р	은행원	вот	바로 여기
бараба́ны	드럼	врач	의사
баскетбо́л	농구	вре́мя	시간
библиоте́ка	도서관	всё	모든 것, 전부
би́знес	사업	вы	당신
бизнесву́мен	사업가(여)	газе́та	신문
бизнесме́н	사업가(남)	га́мбургер	햄버거
блу́зка	블라우스	где	어디
больни́ца	병원	Герма́ния	독일
бо́льно	아프다	гита́ра	기타
бо́улинг	볼링	глаза́	(복)눈
брат	남자형제	год	해, 연(year)
брат	남자형제	годовщи́на свадьбы́	결혼기념일
брю́ки	바지	голова́	머리
вам	당신에게	гольф	골프
вас	당신을		

го́рло	목	здесь	여기에
гото́в	준비되다	здоро́вье	건강
гру́стно	우울하다	зима́	겨울
да	네	зоопа́рк	동물원
дава́йте	~합시다	зу́бы	(복)이, 치아
да́йте	주세요	и	그리고
дверь	문	из	~로부터
де́вушка	(여성을 부를 때) 아가씨, 여기요	извини́те	미안합니다
де́душка	할아버지	и́мя	이름
день	하루	инжене́р	엔지니어
день побе́ды	전승기념일	иностра́нец	외국인
день рожде́ния	생일	исто́рия	역사
де́ньги	돈	ка́ждый день	매일
дере́вня	시골	ка́сса	매표소
де́ти	자녀들	кафе́	카페
диссерта́ция	졸업논문	кино́	영화
добро́	좋은 일	кита́ец	중국인
дово́лен	만족하는	Кита́й	중국
дом	집	кларне́т	클라리넷
до́ма	집에	клуб	클럽
домо́й	집으로	кни́га	책
дочь	딸	ко́ла	콜라
друг	친구	колле́га	동료
друзья́	친구들	компью́тер	컴퓨터
ду́шно	후덥지근하다	компью́терные и́гры	컴퓨터게임
жа́рко	덥다	коне́чно	물론
жена́т	기혼의(남)	конце́рт	콘서트
живо́т	배	коре́ец	한국인(남)
журна́л	잡지	коре́йский язы́к	한국어
за грани́цей	외국에서	коре́янка	한국인(여)
заво́д	공장	ко́фе	커피
за́мужем	기혼의(여)	кто	누구
за́нят	바쁘다	курс	학년
запи́ска	쪽지, 메모	лека́рство	약
зда́ние	건물		

ле́то	여름	нога́	다리, 발
литерату́ра	문학	но́мер	번호
лу́чше	더 좋은(better)	но́мер телефо́на	전화번호
лы́жи	스키	норма́льно	괜찮다
магази́н	상점	ночь	밤
ма́ло	적다	ну́жен	필요하다
ма́ма	엄마	оби́дно	화나다, 속상하다
матч	경기	общежи́тие	기숙사
маши́на	자동차	о́вощи	채소
меню́	메뉴판	окно́	창문
меня́	나를	о́сень	가을
ме́сто	자리	откры́тка	엽서, 카드
мне	나에게	отку́да	어디로부터(의문사)
мно́го	많다	о́чень	매우
мой	나의	очки́	안경
молодо́й челове́к	(남성을 부를 때) 청년, 여기요	пальто́	코트
молоко́	우유	па́па	아빠
мо́ре	바다	парк	공원
моро́женое	아이스크림	па́смурно	흐리다
Москва́	모스크바	пе́рвый	첫 번째의
мотоци́кл	오토바이	пиани́но	피아노
музе́й	박물관	пи́во	맥주
му́зыка	음악	письмо́	편지
мы	우리	пи́цца	피자
мя́со	고기	пла́вание	수영
нале́во	왼쪽으로	план	계획
напра́во	오른쪽으로	пла́тье	원피스
настрое́ние	기분	пло́хо	나쁘다, 나쁘게
не	～가 아니다(not)	по-англи́йски	영어로
немно́го	조금	по́вар	요리사
нет	아니오, 없다	повыше́ние	승진
но́вости	뉴스	по́езд	기차
но́вый	새로운	пожа́луйта	부디(please)
Но́вый год	신년	по́здно	늦다
		по-испа́нски	스페인어로

по-кита́йски	중국어로	сва́дьба	결혼식
по-коре́йски	한국어로	свобо́дное вре́мя	여가 시간
по-неме́цки	독일어로	свой	본인의
пора́	~할 시간이다	себя́	스스로를
по-ру́сски	러시아어로	сего́дня	오늘
потому́ что	왜냐하면	сейча́с	지금
по-францу́зски	프랑스어로	се́рдце	심장
по́чта	우체국	сериа́л	드라마
по-япо́нски	일본어로	сестра́	여자형제
пра́здник	기념일	Сеу́л	서울
прекра́сно	매우 좋다	ско́лько	얼마나(의문사)
прия́тного аппети́та!	맛있게 드세요.	скри́пка	바이올린
		ску́чно	심심하다
профе́ссор	교수	слова́рь	사전
прохла́дно	선선하다	сло́во	단어
Пуса́н	부산	смартфо́н	스마트폰
рабо́та	일, 직장	со мной	나와 함께
рад	기쁘다	соба́ка	개
рестора́н	레스토랑	сове́т	조언
рис	쌀, 밥	согла́сен	동의한다
рисова́ние	그림 그리기	сок	주스
ро́вно	정각	со́лнечно	화창하다
Рождество́	크리스마스	спаси́бо	고맙습니다
рома́н	소설	спекта́кль	연극, 공연
Росси́я	러시아	спина́	등
руба́шка	셔츠	спорт	스포츠
рубль	루블	спортсме́н	운동선수
рука́	팔	стака́н	컵
ру́сская	러시아인(여)	ста́нция метро́	지하철역
ру́сская еда́	러시아 음식	ста́рый	오래된
ру́сский	러시아인(남)	статья́	기사
ру́сский язы́к	러시아어	стихи́	시
ру́чка	펜	стра́шно	무섭다
саксофо́н	색소폰	студе́нт	대학생(남)
салфе́тки	휴지	студе́нтка	대학생(여)

сты́дно	창피하다	учи́тельница	교사(여)
су́мка	가방	у́ши	(복)귀
суп	수프, 국	фи́зика	물리학
супру́ги	(복) 부부	филологи́ческий факульте́т	어문학부
счастли́вого пути́!	즐거운 여행 되세요.	филосо́фия	철학
сча́тье	행복	фильм	영화
счёт	계산서	фле́йта	플루트
сын	아들	фортепиа́но	포르테피아노
сыт	배부른	фотогра́фия	사진
такси́	택시	Фра́нция	프랑스
там	저기	фру́кты	과일
та́нец	춤	футбо́л	축구
танцева́ть	춤추다	хи́мия	화학
теа́тр	극장	хлеб	빵
текст	텍스트	хокке́й	하키
телеви́зор	TV	хо́лодно	춥다
телефо́н	전화기	хоро́ший	좋은
те́ннис	테니스	хорошо́	좋다, 잘
тепло́	따뜻하다	цирк	서커스
тетра́дь	공책	чай	차
то́же	또한, 역시	час	시(hour)
ток-шо́у	토크쇼	чек	영수증
торт	케이크	что	무엇(의문사)
трамва́й	트램	ша́хматы	체스
туале́т	화장실	шко́ла	(초중고)학교
тут	여기서	шко́льник	(초중고)학생
тяжело́	힘들다	шокола́д	초콜릿
уда́ча	운, 행운	шо́ппинг	쇼핑
у́жин	저녁식사	электрогита́ра	일렉트릭 기타
укуле́ле	우쿨렐레	э́то	이것
универма́г	백화점	э́тот	이(this)
университе́т	대학교	Ю́жная Коре́я	한국
урок	수업	юри́ст	변호사, 법조인
успе́х	성공	я	나
учи́тель	교사(남)	Япо́ния	일본

부록2 격변화표

생격

'소유격'이라고도 불리는 생격은 영어의 of처럼 주로 '~의'라고 해석돼요.

	형용사	명사
남성/중성	-ого -его	-а -я
여성	-ой -ей	-ы -и
복수	-ых -их	-ов/-ев -ей -#/-ий

단수 명사의 생격 변화형

	주격	생격
남성	брат	брáта
	музéй	музéя
중성	мóре	мóря
여성	сестрá	сестры́
	ночь	нóчи

여격

'수여격'이라고도 불리는 여격은 주로 '~에게'라는 의미로 사용돼요.

	형용사	명사
남성/중성	-ому -ему	-у -ю
여성	-ой -ей	-е -ия, -ь → -и
복수	-ым -им	-ам -ям

단수 명사의 여격 변화형

	주격	여격
남성	брат	бра́ту
	музе́й	музе́ю
중성	мо́ре	мо́рю
여성	сестра́	сестре́
	ночь	но́чи

대격

'목적격'이라고도 불리는 대격은 '~을'이라는 의미로, 주로 목적어나 방향을 나타내는 경우에 사용돼요.

*사물인 경우와 생물인 경우 변화형이 달라요.

	형용사	명사
남성/중성(사물)	주격과 동일 (변화 없음)	
남성/중성(생물)	-ого -его	-а -я
여성	-ую -юю	-у -ю -ь → -ь
복수(사물)	주격과 동일 (변화 없음)	
복수(생물)	생격과 동일	

단수 명사의 대격 변화형

	주격	대격
남성	музéй	музéй
	брат	брáта
중성	мóре	мóре
여성	сестрá	сестрý
	ночь	ночь

조격

'도구격'이라고도 불리는 조격은 '〜로, 〜로서'라는 의미로 사용돼요.

	형용사	명사
남성/중성	-ым -им	-ом -ем
여성	-ой -ей	-ой -ей -ь → -ью
복수	-ыми -ими	-ами -ями

단수 명사의 조격 변화형

	주격	조격
남성	брат	брáтом
	музéй	музéем
중성	мóре	мóрем
여성	сестрá	сестрóй
	Корéя	Корéей
	ночь	нóчью

전치격

전치격은 항상 전치사와 함께 쓰이는 격이에요. 하지만 모든 전치사가 전치격과 결합하는 것은 아니에요.

	형용사	명사
남성/중성	-ом -ем	-е -ий, -ия, -ие → -ии -ь (여성만) → -и
여성	-ой -ей	
복수	-ых -их	-ах -ях

단수 명사의 전치격 변화형

	주격	전치격
남성	брат	о бра́те
중성	мо́ре	о мо́ре
	зда́ние	о зда́нии
여성	сестра́	о сестре́
	Росси́я	о Росси́и
	ночь	о но́чи

의문사와 인칭대명사의 격변화

의문사

주격	кто	что
생격	кого́	чего́
여격	кому́	чему́
대격	кого́	что
조격	кем	чем
전치격	о ком	о чём

인칭대명사

주격	я	ты	он	она́	мы	вы	они́
생격	меня́	тебя́	его́	её	нас	вас	их
여격	мне	тебе́	ему́	ей	нам	вам	им
대격	меня́	тебя́	его́	её	нас	вас	их
조격	мной	тобо́й	им	ей	на́ми	ва́ми	и́ми
전치격	обо мне	о тебе́	о нём	о ней	о нас	о вас	о них

초판 발행	2020년 9월 29일
초판 2쇄	2022년 5월 31일
저자	러포자 구제 연구소
책임 편집	권이준, 양승주, 김아영
펴낸이	엄태상
디자인	진지화
조판	이서영
콘텐츠 제작	김선웅, 김현이, 유일환
마케팅	이승욱, 왕성석, 노원준, 조인선, 조성민
경영기획	조성근, 최성훈, 정다운, 김다미, 최수진, 오희연
물류	정종진, 윤덕현, 양희은, 신승진
펴낸곳	랭기지플러스
주소	서울시 종로구 자하문로 300 시사빌딩
주문 및 교재 문의	1588-1582
팩스	0502-989-9592
홈페이지	http://www.sisabooks.com
이메일	book_etc@sisadream.com
등록일자	2000년 8월 17일
등록번호	제1-2718호

ISBN 978-89-5518-787-8 (13790)

해 봐!

하루 10분

왕초보

러시아어

쓰기 노트

랭기지플러스

해 봐!

하루 10분

왕초보 러시아어

쓰기 노트

러시아어 알파벳

1	**А а** 아	2	**Б б** 베
Аа Аа		*Бб Бб*	

3	**В в** 베	4	**Г г** 게
Вв Вв		*Гг Гг*	

5	**Д д** 데	6	**Е е** 예
Дд Дд		*Ее Ее*	

7	**Ё ё** 요	8	**Ж ж** 줴
Ёё Ёё		*Жж Жж*	

9	**З з** 제	10	**И и** 이
Зз Зз		*Ии Ии*	

Й й
이 끄라뜨까예 (짧은 이)

11

Й й Й й

К к
까

12

К к К к

Л л
엘

13

Л л Л л

М м
엠

14

М м М м

Н н
엔

15

Н н Н н

О о
오

16

О о О о

П п
뻬

17

П п П п

Р р
에르

18

Р р Р р

С с
에스

19

С с С с

Т т
떼

20

Т т Т т

21	**У у** 우	22	**Ф ф** 에프

$\mathscr{U}y\ \mathscr{U}y$

$\mathscr{P}\varphi\ \mathscr{P}\varphi$

23	**Х х** 하	24	**Ц ц** 쩨

$\mathcal{X}x\ \mathcal{X}x$

$\mathcal{U}\mu\ \mathcal{U}\mu$

25	**Ч ч** 체	26	**Ш ш** 샤

$\mathcal{Y}\gamma\ \mathcal{Y}\gamma$

$\mathcal{U}\mu\ \mathcal{U}\mu$

27	**Щ щ** 시챠	28	**ъ** 뜨뾰르듸 즈낙 (경음 부호)

$\mathcal{U}\mu\ \mathcal{U}\mu$

ъ ъ

29	**ы** 의	30	**ь** 먀흐끼 즈낙 (연음 부호)

ы ы

ь ь

31 Э э
에

Ээ Ээ

32 Ю ю
유

Юю Юю

33 Я я
야

Яя Яя

○ 인사와 기본 표현

1 Здра́вствуйте!

안녕하세요! (처음 보거나 존댓말 하는 사이에 하는 기본적 인사)

Здравствуйте!

_____

_____

2 Приве́т! 안녕! (친구끼리 가볍게 주고 받는 인사)

Привет!

_____

_____

3 Спаси́бо! 감사합니다.

Спасибо!

_____

_____

4 **Извини́те!** 미안합니다 / 실례합니다.

Извините!

5 **Да.** 네

Da.

6 **Нет.** 아니오.

Нет.

● 인사와 기본 표현

7 Как дела́? 잘 지내요?

Как дела?

_____

_____

8 Норма́льно. 잘 지내요.

Нормально.

_____

_____

9 До свида́ния! 안녕히 가세요.

До свидания!

_____

_____

10 **Пока́!** 잘가. (친구끼리만 사용)

Пока!

11 **Меня́ зову́т Аня.** 제 이름은 '아냐'입니다.

Меня зовут Аня.

12 **Как вас зову́т?** 성함이 어떻게 되세요?

Как вас зовут?

01 이 사람은 세르게이야.

1 **Это Сергéй.** 이 사람은 세르게이야.

Это Сергей.

2 **Это телефóн.** 이것은 전화기야.

Это телефон.

3 **Это машúна.** 이것은 자동차야.

Это машина.

4 **Это мáма и пáпа.** 이 분은 엄마와 아빠야.

Это мама и папа.

02 나는 학생이야.

1 **Я студе́нт.** (남) / **студе́нтка.** (여) 나는 학생이야.

Я студент. / студентка.

---

2 **Я коре́ец.** (남) / **коре́янка.** (여) 나는 한국 사람이야.

Я кореец. / кореянка.

---

3 **Я учи́тель.** (남) / **учи́тельница.** (여) 나는 교사야.

Я учитель. / учительница.

---

4 **Я врач.** 나는 의사야.

Я врач.

---

1 **Я из Южной Коре́и.** 나는 한국에서 왔어.

Я из Южной Кореи.

---

2 **Я из Сеу́ла.** 나는 서울에서 왔어.

Я из Сеула.

---

3 **Я из Росси́и.** 나는 러시아에서 왔어.

Я из России.

---

4 **Я из Москвы́.** 나는 모스크바에서 왔어.

Я из Москвы.

---

04 나는 결혼했어.

1 **Я жена́т.** (남) **/ за́мужем.** (여) 나는 결혼했어.

Я женат. / замужем.

2 **Я за́нят.** (남) **/ занята́.** (여) 나는 바빠.

Я занят. / занята.

3 **Я рад.** (남) **/ ра́да.** (여) 나는 기뻐.

Я рад. / рада.

4 **Я гото́в.** (남) **/ гото́ва.** (여) 나는 준비가 됐어.

Я готов. / готова.

05 우리는 대학생이야.

1 **Мы студе́нты.** 우리는 대학생이야.

Мы студенты.

2 **Мы коре́йцы.** 우리는 한국 사람이야.

Мы корейцы.

3 **Мы спортсме́ны.** 우리는 운동선수야.

Мы спортсмены.

4 **Мы друзья́.** 우리는 친구야.

Мы друзья.

06 오늘은 날이 더워.

1 **Сего́дня жа́рко.** 오늘은 날이 더워.

Сегодня жарко.

2 **Сего́дня хо́лодно.** 오늘은 날이 추워.

Сегодня холодно.

3 **Сего́дня тепло́.** 오늘은 날이 따뜻해.

Сегодня тепло.

4 **Сего́дня прохла́дно.** 오늘은 날이 선선해.

Сегодня прохладно.

07 나는 심심해.

1 **Мне ску́чно.** 나는 심심해.

Мне скучно.

2 **Мне ве́село.** 나는 즐거워.

Мне весело.

3 **Мне гру́стно.** 나는 우울해.

Мне грустно.

4 **Мне оби́дно.** 나는 화가 나.

Мне обидно.

1 **Мне нра́вится Москва́.** 나는 모스크바가 좋아.

Мне нравится Москва.

2 **Мне нра́вится му́зыка.** 나는 음악을 좋아해.

Мне нравится музыка.

3 **Мне нра́вится зима́.** 나는 겨울이 좋아.

Мне нравится зима.

4 **Мне не нра́вится танцева́ть.**
나는 춤추는 게 싫어.

Мне не нравится танцевать.

09 나는 아들이 있어.

1 У меня́ есть сын. 나는 아들이 있어.

У меня есть сын.

2 У меня́ есть сестра́. 나는 여자 형제가 있어.

У меня есть сестра.

3 У меня́ есть соба́ка. 나는 개를 키워.

У меня есть собака.

4 У меня́ есть план. 나는 계획이 있어.

У меня есть план.

10 나는 아들이 없어.

1 У меня́ нет сы́на. 나는 아들이 없어.

У меня нет сына.

---

2 У меня́ нет бра́та. 나는 남자 형제가 없어.

У меня нет брата.

---

3 У меня́ нет соба́ки. 나는 개를 키우지 않아.

У меня нет собаки.

---

4 У меня́ нет сестры́. 나는 여자 형제가 없어.

У меня нет сестры.

---

11 이것은 나의 집이야.

1 **Это мой дом.** 이것은 나의 집이야.

Это мой дом.

2 **Это моя́ ру́чка.** 이것은 내 볼펜이야.

Это моя ручка.

3 **Это моё пальто́.** 이것은 내 코트야.

Это моё пальто.

4 **Это мои́ друзья́.** 이들은 내 친구들이야.

Это мои друзья.

12 이 사람은 당신의 형제예요?

① Это ваш брат? 이 사람은 당신의 형제예요?

Это ваш брат?

_____

_____

② Это вáша сестрá? 이 사람은 당신의 자매예요?

Это ваша сестра?

_____

_____

③ Это вáше письмó? 이것은 당신의 편지예요?

Это ваше письмо?

_____

_____

④ Это вáши очкú? 이것은 당신의 안경이에요?

Это ваши очки?

_____

_____

13 이것은 새로운 스마트폰이야.

1 **Это но́вый смартфо́н.** 이것은 새로운 스마트폰이야.

Это новый смартфон.

2 **Это но́вая руба́шка.** 이것은 새 셔츠야.

Это новая рубашка.

3 **Это но́вое кафе́.** 이것은 새로 생긴 카페야.

Это новое кафе.

4 **Это но́вые брю́ки.** 이것은 새 바지야.

Это новые брюки.

14 나는 러시아어를 할 줄 알아.

1 Я говорю́ по-ру́сски. 나는 러시아어를 할 줄 알아.

Я говорю по-русски.

2 Я говорю́ по-коре́йски. 나는 한국어를 할 줄 알아.

Я говорю по-корейски.

3 Я говорю́ по-англи́йски. 나는 영어를 할 줄 알아.

Я говорю по-английски.

4 Я говорю́ по-кита́йски. 나는 중국어를 할 줄 알아.

Я говорю по-китайски.

15 나는 러시아어를 알아들어.

1 **Я понима́ю по-ру́сски.** 나는 러시아어를 알아들어.

Я понимаю по-русски.

2 **Я понима́ю по-коре́йски.** 나는 한국어를 알아들어.

Я понимаю по-корейски.

3 **Я понима́ю вас.** 나는 당신을 이해해.

Я понимаю вас.

4 **Я понима́ю всё.** 나는 모든 것을 이해해.

Я понимаю всё.

16 나는 잡지를 읽어.

1 **Я читáю журнáл.** 나는 잡지를 읽어.

Я читаю журнал.

2 **Я читáю ромáн.** 나는 소설을 읽어.

Я читаю роман.

3 **Я читáю газéту.** 나는 신문을 읽어.

Я читаю газету.

4 **Я читáю кнúгу.** 나는 책을 읽어.

Я читаю книгу.

17 나는 편지를 써.

1 **Я пишу́ письмо́.** 나는 편지를 써.

Я пишу письмо.

---

2 **Я пишу́ откры́тку.** 나는 엽서/카드를 써.

Я пишу открытку.

---

3 **Я пишу́ статью́.** 나는 기사/논문을 써.

Я пишу статью.

---

4 **Я пишу́ по-ру́сски.** 나는 러시아어로 써.

Я пишу по-русски.

---

18 나는 러시아어를 공부해.

1 **Я изуча́ю ру́сский язы́к.** 나는 러시아어를 공부해.

Я изучаю русский язык.

2 **Я изуча́ю англи́йский язы́к.** 나는 영어를 공부해.

Я изучаю английский язык.

3 **Я изуча́ю исто́рию.** 나는 역사를 공부해.

Я изучаю историю.

4 **Я изуча́ю хи́мию.** 나는 화학을 공부해.

Я изучаю химию.

19 나는 TV를 봐.

1 Я смотрю́ телеви́зор. 나는 TV를 봐.

Я смотрю телевизор.

2 Я смотрю́ ви́део. 나는 영상을 봐.

Я смотрю видео.

3 Я смотрю́ фильм. 나는 영화를 봐.

Я смотрю фильм.

4 Я смотрю́ сериа́л. 나는 드라마를 봐.

Я смотрю сериал.

20 나는 커피를 좋아해.

1 **Я люблю́ ко́фе.** 나는 커피를 좋아해.

Я люблю кофе.

2 **Я люблю́ кино́.** 나는 영화를 좋아해.

Я люблю кино.

3 **Я люблю́ футбо́л.** 나는 축구를 좋아해.

Я люблю футбол.

4 **Я люблю́ гото́вить.** 나는 요리하는 걸 좋아해.

Я люблю готовить.

21 나는 수프를 먹어.

1 **Я ем суп.** 나는 수프를 먹어.

Я ем суп.

2 **Я ем мя́со.** 나는 고기를 먹어.

Я ем мясо.

3 **Я ем торт.** 나는 케이크를 먹어.

Я ем торт.

4 **Я ем фру́кты.** 나는 과일을 먹어.

Я ем фрукты.

22 나는 주스를 마셔.

1 Я пью сок. 나는 주스를 마셔.

Я пью сок.

2 Я пью во́ду. 나는 물을 마셔.

Я пью воду.

3 Я пью ко́фе. 나는 커피를 마셔.

Я пью кофе.

4 Я пью пи́во. 나는 맥주를 마셔.

Я пью пиво.

23 나는 먹고 싶어. (배고파)

1 **Я хочу́ есть.** 나는 먹고 싶어. (배고파)

Я хочу есть.

2 **Я хочу́ спать.** 나는 자고 싶어. (졸려)

Я хочу спать.

3 **Я хочу́ ко́фе.** 나는 커피를 원해.

Я хочу кофе.

4 **Я хочу́ шокола́да.** 나는 초콜릿을 원해.

Я хочу шоколада.

24 나는 요리를 할 줄 알아.

1 **Я уме́ю гото́вить.** 나는 요리를 할 줄 알아.

Я умею готовить.

2 **Я уме́ю пла́вать.** 나는 수영을 할 줄알아.

Я умею плавать.

3 **Я уме́ю игра́ть на пиани́но.**
나는 피아노를 칠 줄 알아.

Я умею играть на пианино.

4 **Я уме́ю игра́ть в те́ннис.**
나는 테니스를 칠 줄 알아.

Я умею играть в теннис.

25 내가 도와줄 수 있어.

1 **Я могу́ помо́чь.** 내가 도와줄 수 있어.

Я могу помочь.

2 **Я могу́ прийти́.** 나는 올 수 있어.

Я могу прийти.

3 **Я могу́ подожда́ть.** 나는 기다릴 수 있어.

Я могу подождать.

4 **Я могу́ войти́?** 내가 들어가도 되니?

Я могу войти?

26 나는 집에 있어.

1 Я дóма. 나는 집에 있어.

Я дома.

2 Я здесь. 나는 여기 있어.

Я здесь.

3 Я в кафé. 나는 카페에 있어.

Я в кафе.

4 Я на концéрте. 나는 콘서트에 있어.

Я на концерте.

27 화장실이 어디에 있어?

1 **Где нахо́дится туале́т?** 화장실이 어디에 있어?

Где находится туалет?

---

2 **Где нахо́дится ка́сса?** 매표소가 어디에 있어?

Где находится касса?

---

3 **Где нахо́дится кафе́?** 카페가 어디에 있어?

Где находится кафе?

---

4 **Где нахо́дится магази́н?** 상점이 어디에 있어?

Где находится магазин?

---

28 나는 서울에 살아.

1 Я живу́ в Сеу́ле. 나는 서울에 살아.

Я живу в Сеуле.

2 Я живу́ в Южной Коре́е. 나는 한국에 살아.

Я живу в Южной Корее.

3 Я живу́ в Росси́и. 나는 러시아에 살아.

Я живу в России.

4 Я живу́ в Москве́. 나는 모스크바에 살아.

Я живу в Москве.

29 나는 회사에서 일해.

1 **Я рабо́таю в фи́рме.** 나는 회사에서 일해.

Я работаю в фирме.

2 **Я рабо́таю на заво́де.** 나는 공장에서 일해.

Я работаю на заводе.

3 **Я рабо́таю в рестора́не.** 나는 레스토랑에서 일해.

Я работаю в ресторане.

4 **Я рабо́таю в шко́ле.** 나는 (초, 중, 고) 학교에서 일해.

Я работаю в школе.

30 나는 대학교에 다녀.

1 **Я учу́сь в университе́те.** 나는 대학교에 다녀.

Я учусь в университете.

---

2 **Я учу́сь в шко́ле.** 나는 (초, 중, 고) 학교에 다녀.

Я учусь в школе.

---

3 **Я учу́сь на филологи́ческом факульте́те.** 나는 어문학부에서 공부해.

Я учусь на филологическом факультете.

---

4 **Я учу́сь в Росси́и.** 나는 러시아에서 공부해.

Я учусь в России.

---

1 Я игра́ю в футбо́л. 나는 축구를 해.

Я играю в футбол.

_____

_____

2 Я игра́ю в гольф. 나는 골프를 쳐.

Я играю в гольф.

_____

_____

3 Я игра́ю в те́ннис. 나는 테니스를 쳐.

Я играю в теннис.

_____

_____

4 Я игра́ю в компью́терные и́гры.

나는 컴퓨터 게임을 해.

Я играю в компьютерные игры.

_____

32 나는 피아노를 쳐.

1 **Я игра́ю на пиани́но.** 나는 피아노를 쳐.

Я играю на пианино.

2 **Я игра́ю на гита́ре.** 나는 기타를 쳐.

Я играю на гитаре.

3 **Я игра́ю на фле́йте.** 나는 플루트를 연주해.

Я играю на флейте.

4 **Я игра́ю на скри́пке.** 나는 바이올린을 켜.

Я играю на скрипке.

33 나는 집에 가.

1 **Я иду́ домо́й.** 나는 집에 가.

Я иду домой.

2 **Я иду́ напра́во/нале́во.** 나는 오른쪽/왼쪽으로 가.

Я иду направо/налево.

3 **Я иду́ в университе́т.** 나는 학교에 가.

Я иду в университет.

4 **Я иду́ в магази́н.** 나는 가게에 가.

Я иду в магазин.

34 나는 지하철을 타고 가.

1 **Я éду на метрó.** 나는 지하철을 타고 가.

Я еду на метро.

2 **Я éду на автóбусе.** 나는 버스를 타고 가.

Я еду на автобусе.

3 **Я éду на таксú.** 나는 택시를 타고 가.

Я еду на такси.

4 **Я éду на машúне.** 나는 자동차를 타고 가.

Я еду на машине.

35 극장에 가자.

1 Давáйте пойдём в теáтр. 극장에 가자.

Давайте пойдём в театр.

2 Давáйте пойдём в парк. 공원에 가자.

Давайте пойдём в парк.

3 Давáйте пойдём в музéй. 박물관에 가자.

Давайте пойдём в музей.

4 Давáйте пойдём в цирк. 서커스에 가자.

Давайте пойдём в цирк.

36 나는 집에 가야 해.

1 **Мне на́до идти́ домо́й.** 나는 집에 가야 해.

Мне надо идти домой.

2 **Мне на́до поду́мать.** 나는 생각해 봐야 해.

Мне надо подумать.

3 **Мне на́до занима́ться спо́ртом.**
나는 운동을 해야 해.

Мне надо заниматься спортом.

4 **Мне на́до отдохну́ть.** 나는 쉬어야 해.

Мне надо отдохнуть.

1 Мне ну́жен компью́тер. 나는 컴퓨터가 필요해.

Мне нужен компьютер.

2 Мне нужна́ кни́га. 나는 책이 필요해.

Мне нужна книга.

3 Мне ну́жно вре́мя. 나는 시간이 필요해.

Мне нужно время.

4 Мне нужны́ де́ньги. 나는 돈이 필요해.

Мне нужны деньги.

38 지나가도 되나요?

1 **Мо́жно пройти́?** 지나가도 되나요?

Можно пройти?

2 **Мо́жно кури́ть?** 담배를 피워도 되나요?

Можно курить?

3 **Мо́жно вы́йти?** 나가도 되나요?

Можно выйти?

4 **Мо́жно фотографи́ровать?** 사진 찍어도 되나요?

Можно фотографировать?

39 담배 피우면 안 돼.

1 Нельзя́ кури́ть. 담배 피우면 안 돼.

Нельзя курить.

2 Нельзя́ фотографи́ровать. 사진 찍으면 안 돼.

Нельзя фотографировать.

3 Нельзя́ тро́гать. 만지면 안 돼.

Нельзя трогать.

4 Нельзя́ крича́ть. 소리 지르면 안 돼.

Нельзя кричать.

40 집에 갈 시간이야.

1 Порá идти́ домо́й. 집에 갈 시간이야.

Пора идти домой.

2 Порá обéдать. 점심 먹을 시간이야.

Пора обедать.

3 Порá спать. 잘 시간이야.

Пора спать.

4 Порá сесть на диéту. 다이어트할 때가 됐어.

Пора сесть на диету.

41 나는 머리가 아파.

1 **У меня́ боли́т голова́.** 나는 머리가 아파.

У меня болит голова.

2 **У меня́ боли́т живо́т.** 나는 배가 아파.

У меня болит живот.

3 **У меня́ боли́т го́рло.** 나는 목이 아파.

У меня болит горло.

4 **У меня́ боля́т зу́бы.** 나는 이가 아파.

У меня болят зубы.

42 나는 컨디션이 안 좋아.

1 **Я чу́вствую себя́ пло́хо.** 나는 컨디션이 안 좋아.

Я чувствую себя плохо.

2 **Я чу́вствую себя́ хорошо́.** 나는 컨디션이 좋아.

Я чувствую себя хорошо.

3 **Я чу́вствую себя́ норма́льно.**
나는 컨디션이 괜찮아.

Я чувствую себя нормально.

4 **Я чу́вствую себя́ прекра́сно.**
나는 컨디션이 매우 좋아.

Я чувствую себя прекрасно.

43 계산서를 주세요!

1 Дáйте, пожáлуйста, счёт. 계산서를 주세요!

Дайте, пожалуйста, счёт.

2 Дáйте, пожáлуйста, меню́. 메뉴판을 주세요.

Дайте, пожалуйста, меню.

3 Дáйте, пожáлуйста, рýчку. 볼펜을 주세요.

Дайте, пожалуйста, ручку.

4 Дáйте, пожáлуйста, айс-кóфе.
아이스커피 한 잔 주세요.

Дайте, пожалуйста, айс-кофе.

44 이름을 말해 주세요.

1 Скажи́те, пожа́луйста, ва́ше и́мя.

이름을 말해 주세요.

Скажите, пожалуйста, ваше имя.

2 Скажи́те, пожа́луйста, ваш но́мер телефо́на.

당신의 전화번호를 알려주세요.

Скажите, пожалуйста, ваш номер телефона.

3 Скажи́те, пожа́луйста, ваш а́дрес.

당신의 주소를 말해 주세요.

Скажите, пожалуйста, ваш адрес.

4 Скажи́те, пожа́луйста, где туале́т.

화장실이 어디 있는지 알려주세요.

Скажите, пожалуйста, где туалет.

45 나는 운동을 해요.

① **Я занима́юсь спо́ртом.** 나는 운동을 해요.

Я занимаюсь спортом.

② **Я занима́юсь пла́ванием.** 나는 수영을 해.

Я занимаюсь плаванием.

③ **Я занима́юсь ру́сским языко́м.**
나는 러시아어를 공부해.

Я занимаюсь русским языком.

④ **Я занима́юсь би́знесом.** 나는 사업을 해.

Я занимаюсь бизнесом.

46 생일을 축하합니다!

❶ Поздравля́ю вас с днём рожде́ния!

생일을 축하합니다!

Поздравляю вас с днём рождения!

❷ Поздравля́ю вас с Но́вым го́дом!

신년을 축하합니다!(새해 복 많이 받으세요)

Поздравляю вас с Новым годом!

❸ Поздравля́ю вас с пра́здником!

기념일을 축하해요!

Поздравляю вас с праздником!

❹ Поздравля́ю вас с Рождество́м!

메리 크리스마스!

Поздравляю вас с Рождеством!

47 행복을 기원합니다!

1 **Жела́ю вам сча́стья.** 행복을 기원합니다!

Желаю вам счастья.

2 **Жела́ю вам здоро́вья.** 건강하세요!

Желаю вам здоровья.

3 **Жела́ю вам успе́хов.** 성공을 빌어요!

Желаю вам успехов.

4 **Жела́ю вам уда́чи.** 행운을 빌어요!

Желаю вам удачи.

48 지금은 1시야.

1 **Сейча́с час.** 지금은 1시야.

Сейчас час.

2 **Сейча́с два часа́.** 지금은 2시야.

Сейчас два часа.

3 **Сейча́с пять часо́в.** 지금은 5시야.

Сейчас пять часов.

4 **Сейча́с де́сять часо́в.** 지금은 10시야.

Сейчас десять часов.

49 나는 21살이야.

1 **Мне два́дцать оди́н год.** 나는 21살이야.

Мне двадцать один год.

2 **Мне три́дцать два го́да.** 나는 32살이야.

Мне тридцать два года.

3 **Мне со́рок лет.** 나는 40살이야.

Мне сорок лет.

4 **Мне де́сять лет.** 나는 10살이야.

Мне десять лет.

50 이것은 10루블이야.

1 **Это сто́ит де́сять рубле́й.** 이것은 10루블이야.

Это стоит десять рублей.

2 **Это сто́ит сто три рубля́.** 이건 103루블이야.

Это стоит сто три рубля.

3 **Это сто́ит сто де́сять рубле́й.** 이건 110루블이야.

Это стоит сто десять рублей.

4 **Это сто́ит две́сти рубле́й.** 이건 200루블이야.

Это стоит двести рублей.

러시아어 숫자

1 оди́н

один

_____

_____

2 два

два

_____

_____

3 три

три

_____

_____

4 четы́ре

четыре

_____

_____

5 пять

пять

_____

_____

6 шесть

шесть

_____

_____

7 семь

семь

_____

_____

8 во́семь

восемь

_____

_____

9 де́вять

девять

_____

_____

10 де́сять

десять

_____

_____

11 одиннадцать

одиннадцать

12 двенадцать

двенадцать

13 тринадцать

тринадцать

14 четырнадцать

четырнадцать

15 пятнадцать

пятнадцать

16 шестнадцать

шестнадцать

17 семнадцать

семнадцать

18 восемнадцать

восемнадцать

19 девятнадцать

девятнадцать

20 двадцать

двадцать

러시아어 숫자

30 три́дцать

тридцать

40 со́рок

сорок

50 пятьдеся́т

пятьдесят

60 шестьдеся́т

шестьдесят

70 се́мьдесят

семьдесят

80 во́семьдесят

восемьдесят

90 девяно́сто

девяносто

100 сто

сто

200 две́сти

двести

300 три́ста

триста

400 четы́реста
четыреста

900 девятьсо́т
девятьсот

500 пятьсо́т
пятьсот

1000 ты́сяча
тысяча

600 шестьсо́т
шестьсот

700 семьсо́т
семьсот

800 восемьсо́т
восемьсот

memo

해 봐!

하루 10분

왕초보

러시아어

쓰기 노트